LE SCORPION

SCOR PI O

Michèle Curcio

Les Signes du Zodiaque

Le Scorpion

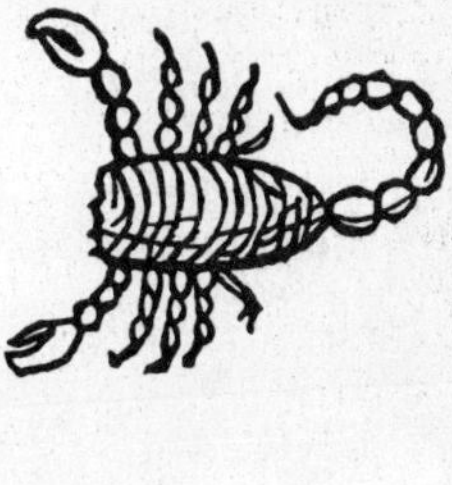

Seghers
Sand

Frontispice :
Liber Astrologiae. *Manuscrit latin du XIVe siècle.*

ISBN 2-7107.0109.X

SOMMAIRE

Première partie

Deuxième partie

Troisième partie

Première partie

Chapitre I

Le Scorpion dans le Zodiaque

Huitième des douze signes du Zodiaque, le Scorpion s'enfonce dans la moitié du cycle au cours de laquelle le Soleil s'éloigne toujours davantage et où la végétation disparaît peu à peu; toute vie semble se ralentir et, sous nos climats, dès les premiers froids, certains mammifères n'hésitent pas à s'endormir au fond de leur cachette pour se mettre en état d'hibernation.

Certes, de nos jours, les saisons ne changent guère les conditions de vie : l'hiver promet, comme l'été, des fêtes et des vacances. Mais une crainte demeure, enfouie au fond de chacun de nous, et que réveille l'hiver. Ancrée depuis des millénaires, elle ne peut s'effacer en quelques décennies. Crainte du froid, qui se fait plus intense, et des durs travaux qu'il entraîne; crainte de la disette car, dans les greniers et les celliers, les provisions sont menacées; crainte de la maladie et de l'agression des animaux carnassiers : « La faim fait sortir le loup du bois. »

Ces angoisses s'accrochent à nous. Elles se forment, enflent, prennent corps, tendent bientôt nos nerfs jusqu'à nous faire crier parfois, grincer des dents souvent. Le froid, l'ombre, l'humidité nous guettent. Nous en prenons lentement conscience, avec un certain découragement, à moins que nous ne tentions de l'oublier en nous inventant de nouvelles distractions : à l'approche de l'hiver, la vie citadine voit invariablement renaître les réunions et les festivités nocturnes.

Dès que déclinent la chaleur et la lumière, on assiste au réveil des occupations propres à la société évoluée que nous formons, si différente des sociétés primitives :

nous dépensons une quantité considérable d'énergie industrielle pour assurer à nos villes une lumière artificielle qui nous consolera de la disparition de l'éclat du soleil; d'innombrables appareils très perfectionnés diffusent une douce chaleur, parfois même jusque dans les rues. Nous refusons l'hiver, nous repoussons le froid, nous tentons de retenir la lumière, l'agitation, les joies qui ont égayé l'été, cet été qui porte bien son nom de « belle saison ».

Prenons conscience de cette erreur nécessaire. Peut-être devrions-nous, comme les animaux et les plantes, ralentir notre activité. Nos ancêtres ne faisaient pas autre chose; aujourd'hui encore, à la campagne, les hommes savent s'arrêter, afin de ne pas épuiser d'un coup toutes leurs ressources intérieures, leur vigueur, leur vie. L'hiver, en apportant un léger ralentissement de nos rythmes quotidiens, pourrait nous permettre de reconstituer nos forces pour aborder en beauté le printemps suivant.

La saison d'automne nous y incite, tout comme le caractère de sérieux, de gravité, du signe qui nous intéresse ici. Au cours de cette période, qui s'étend du 23 octobre au 21 novembre, le soleil se lève chaque jour dans le signe du Scorpion. L'automne, né le 23 septembre dans un équilibre doux et harmonieux de la nature, s'avance : les plantes jaunissent, perdent leurs feuilles, se flétrissent. Celles qui ne meurent pas font comme les marmottes : elles commencent à hiberner. A l'image de bras tordus par la tristesse, les branches des arbres s'élèvent vers le ciel gris.

Au premier jour de novembre, l'Église catholique célébrera tous les saints et, le lendemain, comme si les remparts qui séparent les défunts des vivants disparaissaient pour quelques heures dans l'air humide, elle connaîtra le Jour des morts, ou mieux, des « trépassés », car elle les espère toujours vivants, bien que « passés » dans un autre monde.

La Toussaint et le Jour des Morts

La fête de la Toussaint, le 1er novembre, a été instituée par l'Église, écrit J. de Voragine dans la *Légende dorée*, « pour suppléer à des omissions, car il y a beaucoup de saints que nous oublions ». Et un pontife nommé Grégoire, est-il écrit dans le même ouvrage, voulut placer cette commémoration au début du mois de novembre, car « le pape jugea meilleur que la fête fût célébrée à un moment de l'année où les vendanges et les moissons sont faites... »

Est-ce également parce que, une fois terminées les récoltes, on fait ses comptes personnels dont on tire certaines conclusions, avant de formuler quelques souhaits, que la fête de la Toussaint doit, nous dit encore J. de Voragine, « nous faciliter l'obtention de nos vœux » ?

Le lendemain de cette célébration universelle se situe le « Jour des morts », ou « Jour des trépassés », ou encore « Jour des âmes », suivant l'opinion de chaque croyant. La création de cette fête serait due à saint Odilon, abbé de Cluny; selon la légende, ce dernier avait appris que l' «on entendait souvent sortir de l'Etna les hurlements des démons et les voix plaintives d'âmes défuntes qui demandaient à être arrachées de leurs mains »... Il décréta donc que, dans les monastères de son ordre, la fête de la Toussaint serait suivie de la commémoration des âmes des trépassés, décision aujourd'hui suivie par l'Église entière. Cette date fait d'ailleurs maintenant tellement partie de notre vie que même ceux qui ne suivent pas le rite catholique s'accordent pour réserver au souvenir des disparus ce deuxième jour de novembre.

La fête des Trépassés semble appartenir à la tradition populaire indo-européenne. Selon certains auteurs, ce jour, consacré aux retrouvailles, serait dénué de tout caractère de tristesse; car si nous nous souvenons avec regret de ceux qui nous ont quittés

La Mort destructrice. *Gravure sur bois de Steinbrecher, d'après Alfred Rethel, 1832 (musée d'Art de Philadelphie).*

pour un monde, dit-on, meilleur, nous devons, au cours de cette célébration, nous réjouir de rencontrer pour quelques heures ceux que nous avons pleurés.

Pour les primitifs, la mort n'existe pas : les portes de la nuit, celles qui séparent le monde des vivants de celui, ô combien plus vaste ! des morts, s'écartent croient-ils, une fois l'an, au cours de la nuit du 1er au 2 novembre. Elles resteront ouvertes jusqu'au milieu de la nuit suivante, et les défunts pourront entrer dans leurs maisons où leurs familles leur ont préparé des repas et installé des lits.

L'arachnide triste

Le symbolisme astrologique et zodiacal nous dit que, dans le signe du Scorpion, les réalités concrètes disparaissent, les apparences se détruisent par putréfaction et dissolution, sans que la vie cesse pour autant de suivre son cours; et tout s'enchaîne.

Il existe dans la tradition ésotérique une image qui exprime cette destruction, suivie d'une renaissance : celle du phénix. Cet oiseau fabuleux représente la mort symbolique de l'impétrant au cours d'une cérémonie d'initiation.

Ainsi, les plantes meurent, et les fruits tombés sur le sol doivent s'y enfoncer et subir la putréfaction pour libérer leur graine, afin que croisse une nouvelle plante.

Quand, soudain, le phénix renaît de ses cendres froides pour reconsidérer l'existence terrestre sous un aspect différent et tenter une nouvelle expérience, plus profonde, plus riche, plus spirituelle que les précédentes, tout se passe comme si, au cours d'une cérémonie initiatique, l'impétrant traversait le domaine de la mort : car celui qui ne l'a pas connue ignore tout.

Le phénix renaissant de ses cendres. Mosaïque du Ve siècle provenant de Daphné en Syrie (musée du Louvre).

Pourquoi avoir choisi ce nom de Scorpion, alors que cet animal jouit d'une bien mauvaise réputation ?

On pourrait dire d'abord que cet *arachnides* (classe animale dont font partie les araignées), qui se promène jusque dans les maisons, armé d'une queue munie d'un dard venimeux, sème une peur triste, comparable à celle née de la crainte des froidures et des famines, et qui, dans notre lointain passé, apparaissait au seuil de l'hiver. Ensuite, le scorpion, un des plus anciens habitants de la planète, a gardé depuis des millions d'années la même forme, comme si la nature l'avait jugé parfait dès son apparition. Enfin, il présente une particularité étonnante : il n'est pas immunisé contre son propre venin et, devant une situation qu'il estime sans issue, il lui arrive de se piquer lui-même. Or, chez les animaux, le suicide, ou plutôt l'autodestruction, reste rarissime; chez le scorpion, elle devient normale. Cet animal triste, mais parfait, semble donc avoir un destin tout à fait exceptionnel.

Animal de nuit, de silence et d'anathème

Jusqu'à ce jour, on a porté sur le signe du Scorpion des opinions diverses, mais pour la plupart excessives et inexactes. L'animal appelé scorpion a donné lieu à de nombreuses critiques, mais elles ne peuvent en rien s'appliquer aux natifs du signe. Car si l'Astrologie explique, elle ne juge pas. Les traits de caractère que nous tenons des astres par la naissance ne sont ni bons, ni mauvais : ils deviendront ce que nous en ferons; et en cela réside la force de notre libre-arbitre.

Que nous enseigne donc la tradition au sujet du scorpion ?

Cet animal fuit la lumière, bien qu'il fréquente les lieux habités; on a longtemps prétendu que le scorpion, placé dans l'obscurité, cherchait toujours à attaquer. Mais, en fait, on n'a pu expliquer cette réaction que récemment. Et il a bien fallu revenir sur les expressions exagérées du Moyen Age et du début des Temps modernes : « il lèche de la langue et pique de la queue »; « inoffensifs à les voir par devant, ils portent derrière le dos de quoi répandre leur venin ». Cette dernière phrase fut prononcée par le pape Grégoire Ier le Grand, au cours d'une homélie où il dénonçait les ennemis de la foi.

Quand on énumère le bestiaire du signe du Scorpion, on lui découvre d'étranges compagnons : le lézard, qui « ne marche pas franchement »; le reptile, inquiétant et redoutable, qui siffle et rampe en ondulations mystérieuses; sans oublier l'aigle aux serres puissantes.

En toute chose, il n'existe pas d'absolu du mal et, toujours, un élément de bien vient rétablir l'équilibre. En effet, dans notre monde terrestre, nous sommes condamnés au juste milieu. Si le mal devenait total, il atteindrait l'éternité, l'infini, et nous connaîtrions l'Enfer. De même, si le bien tendait à la perfection, nous découvririons le Ciel. Or, nous nous trouvons sur la Terre, notre monde, un monde où rien n'est tout à fait chaud ou froid, ni tout à fait bien ou mal.

On dit volontiers que le Scorpion met d'abord l'accent sur les caractères sinistres qui s'appellent souffrance, mal, drame, noir, abîme, absurde, gouffre, néant, mort. Mais on oublie trop souvent d'ajouter la contrepartie de ces expressions : car le Scorpion est aussi renaissance, transmutation, évolution. Les valeurs matérielles se transforment en valeurs spirituelles. Le corps dissous, désintégré, libère l'esprit et lui permet de s'élever vers des hauteurs qu'il n'aurait jamais pu gagner sans cette putréfaction qui l'a libéré du poids de la matière.

Le Scorpion dans l'Homme-Zodiaque

Sur l'Homme-Zodiaque, création de l'esprit, chaque

signe se rattache à une partie du corps. Nous avons déjà décrit cette allégorie. Elle représente un homme debout; sur son corps, les différents signes occupent des positions correspondant à leur signification.

La tête, notamment le crâne et le front, c'est le Bélier; la bouche, les organes de la voix, le cou, c'est le Taureau; les épaules, avec les deux bras, et l'appareil respiratoire, ce sont les Gémeaux; le plexus solaire, l'estomac, c'est le Cancer; l'appareil digestif, et surtout l'intestin, c'est la Vierge; le cœur, l'appareil circulatoire, c'est le Lion; les reins, c'est la Balance; et nous arrivons au Scorpion, qui occupe la région du sexe et du rejet des excréments, avec l'anus.

L'*arachnide* vit dans l'ombre, dans les anfractuosités, il aime se dissimuler. De même, cette partie du corps humain auquel il se rapporte reste généralement cachée.

Élimination et sexe : c'est la destruction et, tout à la fois, la création.

Un signe d'Eau

Le signe zodiacal du Scorpion appartient au groupe des signes d'Eau.

Les signes du Zodiaque se rattachent aux quatre éléments. Ceux-ci groupent chacun trois signes. Pour *le Feu* : le Bélier, le Lion et le Sagittaire; pour *l'Air* : les Gémeaux, la Balance et le Verseau; pour *la Terre* : le Taureau, la Vierge et le Capricorne; et enfin, pour *l'Eau* : le Cancer, le Scorpion et les Poissons.

Dans cette trilogie des signes aquatiques, le Scorpion se place au milieu. Le Cancer, lui, illustre l'eau du marécage natal, celui où la vie s'est manifestée pour la première fois, celui où flotte, inerte et vivante, la cellule, marécage ou naissance du monde, origine de la création. Quant aux Poissons, ils représentent l'eau infinie, la communication directe avec l'universel,

Le Scorpion, avec le Cancer et les Poissons, constituent la trilogie des signes d'Eau.

le lien spirituel avec le Cosmos et sa signification. Entre ces deux extrêmes se trouve l'être qui vient au monde et ne se sépare que difficilement de ses origines, qui se sent uniquement lié à l'universel pris dans son ensemble, qui a pour patrie le Cosmos, pour frères et sœurs toutes les créatures, pour âge l'éternité et pour mesure l'infini. Ainsi, entre Cancer et Poissons, le Scorpion est la vie même, la vie terrestre, et si son aspect semble parfois dramatique, il reste simplement à l'image d'une telle vie : obligé à tout instant de quitter ce qu'il aime, ballotté, projeté, repoussé, l'homme sent bien que mille obstacles décourageants se dressent sur son chemin.

En face du Taureau

En situant logiquement le Scorpion sur le cercle du Zodiaque, on découvre qu'il se trouve diamétralement opposé au Taureau.

Sous le signe du Taureau, la vie que le Bélier a appelée et dynamisée se met en route, prend corps, se réalise; toute la nature s'épanouit et les animaux préparent leur nid. Un monde s'exalte, celui du jour grandissant, du soleil qui se rapproche, qui nous rend enfin sa chaleur et, avec elle, la vie. Le printemps s'épanouit et nous entraîne vers des espoirs fous, souvenir du temps jadis où, après un hiver passé dans l'angoisse, le renouveau annonçait chaque année le retour de la vie. L'être humain, dans son ensemble, fête le printemps plus qu'il ne le célèbre : ses réactions démontrent alors l'ivresse d'espérances infinies et d'illusions toujours renaissantes, plutôt qu'une dévotion à un astre, source de tous les biens terrestres, le Soleil.

A l'autre extrémité du diamètre qui traverse le disque symbolique du Zodiaque, le Scorpion éveille les chants funèbres; tout ce qui était beauté, vie, couleurs se transforme en terreau noir, en humus riche, prêt à digérer les cellules qui ont vécu, à en recueillir la substance et recréer ainsi, après plusieurs mois de travail souterrain, de nouvelles existences.

Entre le Taureau et le Scorpion s'établit une dialectique, une opposition. Le premier absorbe : dans l'Homme-Zodiaque, il est la bouche. Il est aussi la voix : il s'exprime. Il représente toute la vitalité. Il prend des nourritures pour construire son corps. Une obscure chimie s'élabore en lui, qui fait un tri entre la matière transformable et les déchets. A ceux-ci s'ajoutent bientôt les éléments qui ont cessé de vivre. Et le Scorpion débarrasse le corps de tous ces résidus. Un éboueur...

Le Taureau prend; le Scorpion restitue.

Le Taureau acquiert; le Scorpion liquide.

Le Taureau avale; le Scorpion expulse.

Le Taureau digère; le Scorpion transforme.

Arrêtons là ce parallèle, bien qu'il ne s'agisse pas d'un exercice inutile. Car, en cherchant les termes directement opposés deux par deux, nous voyons se dessiner dans notre esprit la silhouette de ce Scorpion dont nous nous défions parfois. Le Taureau possède, le Scorpion démunit.

Dans ces comparaisons, le Scorpion apparaît surtout comme l'organe de l'élimination. Mais, de ce point de vue, une telle conception reste incomplète : il en manque la moitié. Car si le Scorpion, dans l'Homme-Zodiaque, est l'anus, il est aussi le sexe. Le sexe, organe de procréation, et donc symbole de la compensation et de l'équilibre. Le Scorpion se montre ambivalent : il a deux aspects.

Ce point de vue laisse entrevoir une découverte : le Scorpion serait-il le signe de l'érotisme ?

On le dit signe d'agressivité, à cause de son dard. Mais l'étude de la planète dominante va nous renseigner sur ses caractéristiques principales. Au même titre que pour tous les autres signes, le natif du Scorpion est pétri de complexités, et son caractère ne se ressentira donc pas de l'aspect dramatique du symbolisme du signe.

Le caractère astrologique du Scorpion

Le signe du Scorpion se trouve sous l'influence de deux planètes : Mars et Pluton.

On connaît parfaitement bien Mars et son influence : si la mythologie grecque en a fait le dieu des combats, c'est parce que sa présence suscite, chez ceux qu'il domine, une agressivité nettement marquée. Il ne faut pas forcément blâmer une telle attitude. On a souvent plaidé en faveur de la violence; pourquoi ne pas entamer ici une défense de l'agressivité ?

Certes, celle-ci provoque la haine, la rancœur, le désir de vengeance, et entraîne, dans toute vie en société, des désordres. Pourtant, elle ne présente pas qu'un aspect négatif, et possède, comme un honnête Janus, ses deux faces.

L'agressivité semble nécessaire. Sans elle, l'individu risquerait de sombrer dans la passivité.

Elle engendre, lorsque l'injustice réclame vengeance, l'ardeur et l'esprit combatif, qui conduisent à la création, à l'initiative, à l'émulation, à la vie enfin. Elle réveille ceux qu'elle habite; elle leur donne une force accrue; elle les incite à découvrir des moyens nouveaux pour leur action; elle active en eux le processus mental et les battements du cœur. Elle les pousse à devenir inventifs, forts, créateurs, rusés, audacieux, ambitieux; éléments bons, éléments moins bons, mélange très humain, rigoureusement terrestre, éloigné de toute spiritualité.

L'agressivité se montre vivace et tenace dans le Scorpion.

Pluton, dans la mythologie, est le dieu des morts. Il représente les profondeurs et les ténèbres de la nuit

FRANÇOIS GIRARDON
23646

originelle. Il nous encourage à développer en nous la conscience de l'invisible qui nous a portés jusqu'à ce monde concret, et qui nous reprendra.

Voilà l'infini d'un monde intérieur, dont il ne faut pas redouter l'exploration : nous devons le connaître, pour ne plus le craindre.

Le Pluton enfoui en chacun de nous nous confie, dès que nous l'avons découvert, sa puissance et son énergie. Il règne désormais sur des forces occultes qu'il met à notre disposition; et nous pouvons les utiliser, si toutefois nous acceptons sans crainte d'abriter en nous cet abîme intérieur.

Il ne convient donc pas de limiter Pluton au seul rôle de planète des grands drames de l'humanité, celle qui, lorsqu'elle entre en conjonction avec le Soleil, suscite les plus immenses tragédies. Rappelons ici ce qui se passa en 1945 : la conjonction avait eu lieu le 2 août; quatre jours plus tard, le monde entier apprenait l'existence de la bombe atomique au plutonium et, en même temps, son lancement sur Hiroshima.

Pluton sait aussi révéler à chacun les secrets de l'âme, du monde et de la vie, et permet aussi, mais on en parle moins souvent, la transmutation de l'individu matériel en un être spirituel, conscient de son essence métaphysique.

Il n'y a pas de signe du Zodiaque entièrement bon ou entièrement mauvais, pas plus qu'il n'existe sur Terre un seul être qui soit lui-même tout bon, ou tout mauvais. Nous devons tous porter notre besace : la poche de devant, la poche de derrière contiennent l'une et l'autre les deux aspects de notre personnalité.

Mais il conviendrait de rechercher le sens profond du signe du Scorpion dans la mythologie. Ce sera l'objet du chapitre suivant.

L'Enlèvement de Proserpine par Pluton. *Bronze de Girardon, XVIIe siècle (musée de Strasbourg).*

La constellation du Scorpion gravée d'après Léonard Gautier. Le Livre des Zodiaques, *XVIIe siècle.*

Chapitre II
Symbolisme et mythologie du Scorpion

Le Scorpion, à la manière d'un fossoyeur du Zodiaque, fait disparaître les réalités vivantes et les enfouit dans le sol pour qu'elles puissent s'intégrer à la nature terrestre. Comme nous l'avons déjà dit, dans la période correspondant au signe du Scorpion se place le Jour des trépassés, au cours duquel la communication semble se rétablir pour un court instant entre les vivants et les disparus. C'est là tout le mystère symbolique du signe vu depuis notre planète. Dans l'Antiquité grecque et romaine, la mythologie en expose le sens, d'une manière plus complexe, mais aussi plus raffinée.

Donc, à son arrivée au calendrier, le Scorpion enfonce dans la terre les réalités vivantes; bientôt décomposées par le processus de putréfaction, elles rejoindront l'ensemble universel.

Il symbolise à la fois la vie et la mort en un raccourci saisissant, dû à l'inconscient collectif.

La tradition gréco-latine

Plusieurs traditions pourraient nous permettre d'expliquer le symbolisme du Scorpion. Mais suivant notre habitude, au cours de cette série sur l'interprétation de votre signe (voir les sept volumes précédents), nous nous limiterons à la mythologie, grecque d'abord, puis reprise par la tradition romaine, car elle a légué un important héritage à notre civilisation.

Dans la mythologie, le signe zodiacal du Scorpion correspond à la légende d'Orion, mort, sur ordre de Diane, d'une piqûre de scorpion. Commençons donc simplement par le récit de cette histoire.

Jupiter, accompagné de Mercure et de Neptune, demanda un jour l'hospitalité à un paysan très pauvre, si pauvre qu'il ne possédait pour tout bien qu'un bœuf. Cet homme, du nom d'Hyrieus, avait perdu sa femme et lui était resté fidèle, refusant toujours de se remarier.

Surpris et honoré par la présence de ces visiteurs divins, Hyrieus voulut leur préparer un repas digne d'hôtes exceptionnels; il n'avait qu'une solution : il tua son bœuf, son unique richesse.

Les dieux comprirent l'étendue du sacrifice du paysan. Un tel geste méritait une récompense à sa mesure.

Ils lui proposèrent donc d'exaucer le vœu qu'il formulerait.

Très heureux, mais embarrassé, l'homme réfléchit longuement, lui qui n'en avait guère l'habitude. Il considéra sa vie, la tristesse de sa solitude, mais aussi son désir de rester fidèle à une épouse qu'il savait irremplaçable. C'était donc un fils qu'il lui fallait, non pas un petit enfant, mais un garçon fort, solide et bon, qui serait la consolation de ses vieux jours. Il livra ses pensées aux dieux qui lui répondirent :

« Tu vas enterrer la peau du bœuf, que tu as si généreusement sacrifié pour notre bien-être, dans ton jardin. Après neuf mois, il t'en viendra un fils. Ainsi verras-tu ton vœu réalisé et auras-tu un fils sans devoir prendre femme de nouveau et donc manquer à ton serment de fidélité. »

Ainsi fut fait : on enfouit la peau du bœuf dans la terre et les dieux disparurent vers leur Olympe. Neuf mois plus tard, Hyrieus trouva un garçon dans son jardin. Il le prit avec lui comme son fils et l'éleva... comme son bœuf. Il l'appela Orion.

Élevé à l'écart des enfants de son âge, Orion reste ignorant. Il reçoit une éducation primitive, axée plus sur le développement du corps que sur celui de l'esprit. Orion, étranger aux exercices intellectuels, se trouve par contre en contact direct avec la nature et se contente d'une existence quasi animale. Son unique talent : il se révèle bon chasseur. Il en a toutes les qualités : il connaît les habitudes du gibier, il sait le dénicher et il est aussi rapide à la course qu'adroit au tir. Il ignore tout de la vie des hommes, de la civilisation et des idées; aucune éducation autre que l'effort physique. On pourrait le décrire comme un athlète tout en muscles, avec un crâne vide. Grand, car, selon Homère, « sa tête monte jusqu'aux nuages », fort et ignare.

Il rend assez souvent visite à un amateur de vins, ami de Bacchus (Dionysos pour les Grecs), Œnipion, Or, un jour que celui-ci est sorti, Orion se trouve seul avec Mérope, la femme de son voisin. Saisi d'une soudaine frénésie sexuelle, il se jette sur elle pour la violer.

Œnipion les surprend; difforme et infirme depuis sa naissance, il se montre d'autant plus furieux de voir le bel athlète tenter de le supplanter, et jure de se venger. Faible et mal bâti, il ne peut pourtant espérer lutter contre le jeune homme : il emploiera donc la ruse. Il propose à son rival un pari : à qui boira la plus grande quantité de vin. Orion sait bien qu'il est plus résistant et qu'il gagnera; mais comme il ignore la fourberie et la malice, il ne peut deviner le piège qui lui est tendu; il boit, il s'enivre. Il tombe ivre-mort et se trouve alors à la merci d'Œnipion qui assouvit son désir de vengeance en lui crevant les yeux.

Dès lors, Orion perd le sens même de son existence, exclusivement consacrée à la chasse. Il n'a désormais plus rien et, désespéré, il consulte les dieux. Ceux-ci rendent leur oracle :

« Tu pourras retrouver la vue si tes yeux reçoivent les premiers rayons du soleil à son lever. »

Or, le jeune homme, incapable de se diriger seul, ne peut aller vers cette lumière qui doit lui « ouvrir les yeux ».

Descendant vers les profondeurs de la terre, il y rencontre Vulcain (l'Héphaïstos grec) et le prie de lui prêter, pour guider ses pas, un apprenti nommé Cédalion.

Celui-ci accomplit probablement sa mission, car bientôt Orion se tournera vers l'orient, à l'instant où le soleil se lève, et retrouvera ainsi la vue. L'Aurore même, en le voyant, en tombera amoureuse.

Mais notre héros n'oublie pas pour autant le crime impardonnable d'Œnipion et décide de se venger. Obsédé par cette nouvelle idée fixe, il se met en route, les armes à la main.

Œnipion a tôt fait de l'apprendre et, terrorisé, demande refuge à Neptune. Celui-ci accepte de le cacher et, désormais, Orion le cherchera longtemps, en vain.

Il lui faut retourner à ses anciennes occupations. Il rencontre alors Diane (Artémis dans la mythologie grecque), la déesse chasseresse. Ensemble, ils parcourent les forêts. Le jeune homme, qui n'a rien perdu de sa vitalité, ne tarde pas à tomber amoureux de sa compagne. Mais celle-ci ne semble guère sensible à ses avances, et Orion, en proie à une de ses idées fixes habituelles, décide bientôt de la prendre de force. Mais là, il tente cependant de dresser un plan : il organise une sorte de concours de lancement du disque. Tandis que Diane, consentante, s'efforce de rivaliser avec lui, il déchire ses voiles et tente de s'emparer d'elle.

Mais la déesse refuse l'amour des hommes. Elle s'enfuit et, à l'intant où Orion, plus rapide, va la rattraper, elle frappe le flanc d'une colline; il en sort un scorpion qui s'élance vers l'athlète. Il le rejoint, s'accroche à lui avec ses pinces et le tue d'un coup du dard venimeux dressé au bout de sa queue.

Sa victime n'a pas encore rendu le dernier soupir que déjà Diane regrette son geste. Elle a trop sévèrement puni une ardeur qui n'était, en somme, qu'un hommage à sa beauté. Le jeune homme, ignorant des coutumes et des valeurs morales, ne pouvait agir autrement. Désolée, la déesse demande à Jupiter (Zeus) d'atténuer cette vengeance, en accordant à Orion l'immortalité des dieux et des héros, et en l'admettant dans son ciel.

Et depuis, la constellation d'Orion brille au firmament du plus vif éclat.

Interprétation de la mythologie.

Nous avons déjà eu l'occasion de dire, dans cette série, que la mythologie, grecque ou romaine, ne constitue ni une religion polythéiste, ni un recueil de contes pour enfants; sous une forme imagée et précise, elle présente divers problèmes humains, en fournit le commentaire, l'explication, et, s'ils posent certaines questions, y apporte les réponses. Et c'est bien là que réside son principal intérêt.

Dans la légende d'Orion, nous allons donc trouver, d'une part, des commentaires sur le personnage, d'autre part, sur le signe du Scorpion.

Le Scorpion contient une pensée créatrice et le désir de l'exprimer. Prenons le récit par le commencement. Voici Hyrieux, homme veuf et, certainement, âgé. Il se trouve à l'automne de son existence et, pourtant, il songe à s'assurer une descendance. En cette saison, il n'est plus temps de songer à l'amour; mais la vie demeure et les pensées s'orientent vers une solution qui manifesterait la vie en dehors de l'amour. Le jeune Orion naîtra donc de la mort, celle du bœuf unique, pauvre richesse de son père Hyrieus. Celui-ci

La Mort d'Orion. *Tapisserie de l'atelier de Fontainebleau, XVIe siècle (château d'Anet).*

ne songe même pas à demander aux dieux une compagne, car il y a un temps pour chaque chose, et celui des épousailles est révolu.

Par conséquent, le mythe se situe en fin de saison, en fin d'année, quand il est un peu trop tard pour tout.

Remarquons que ce désir humain de se perpétuer n'a rien d'intellectuel, ni même de moral : la vie animale y suffit. C'est d'un bœuf que naîtra Orion, un bœuf déjà enfoui dans le sol : car le grain doit s'enfoncer pour germer et toute vie se décomposer pour renaître.

Désormais, une idée fixe, poussée jusqu'à l'obsession, guidera Orion dans ses aventures : assurer la continuité de la race. Et il se tournera naturellement vers la seule femme qu'il connaisse.

La légende du Scorpion, signe étrange , présente des êtres tortueux et torturés. Œnipion est infirme; ce fait, par sa seule existence, lui interdit de se venger par un honnête combat. Dès lors, la rivalité se place sur un terrain primaire et ne demande de part et d'autre ni morale, ni finesse.

Avec la vue, Orion perd tout ce qui fait sa vie car, pour cet être simple, qui pense peu, ses yeux restent essentiels : sans eux, il ne pourra plus chasser. Il se révèle incapable de trouver des compensations dans la méditation. Cependant, il parvient à concevoir qu'il souffre pour s'être montré trop ambitieux : avec Mérope, sans doute, il a voulu aller trop haut et trop loin. On peut considérer qu'en tentant de la posséder, il cherchait à connaître sa propre âme; mais, mal préparé, il prenait alors trop de risques : car on ne saurait aller au bout de la recherche métaphysique sans un guide qui vous permette de gravir les degrés l'un après l'autre, et vous aide à comprendre la démarche.

La recherche de la lumière

L'oracle se montre particulièrement clair en ce domaine. Il demande à Orion de se tourner vers l'orient, s'il veut « connaître la lumière ». Cette expression est d'ailleurs caractéristique des impétrants qui souhaitent être initiés.

L'initiation aide à comprendre bien des choses, restées jusqu'alors inexplicables. Orion s'en aperçoit. Et d'abord, sa valeur personnelle s'en trouve augmentée puisque lui, qui n'était qu'un humble paysan chasseur, se voit aimé de l'Aurore même. Il connaît maintenant ses possibilités qu'il avait mal employées avec Mérope.

Mais cette initiation reste incomplète ; tout se réalise par paliers successifs, et Orion va en franchir un nouveau. Il ne sait pas encore se dominer, ni maîtriser ses passions. En effet, lorsqu'il rencontre Diane, il en tombe amoureux et son désir insatisfait tourne bientôt à l'obsession.

Mais il doit aller encore plus loin. Seul le passage par la mort parachèvera l'initiation de l'impétrant.

Or, cette voie s'ouvre à Orion quand Diane se venge de sa brutalité en le faisant piquer par un scorpion. On pourrait dire qu'Orion, en rencontrant la déesse, trouve sa propre âme : il veut alors la connaître complètement.

Richesses d'un symbolisme

Il suffit de lire ce qui précède pour constater la richesse du symbolisme du signe zodiacal du Scorpion. Et encore n'avons-nous considéré que la mythologie gréco-latine.

Le Scorpion ne saurait plus être de nos jours, où on connaît les méandres du subconscient, l'animal nuisible auquel on pensait jadis. Pourquoi couvrir de cette étrange malédiction les natifs du signe qui ne méritent en rien cet anathème ?

Actuellement, on s'oriente vers la nouvelle version de l'ambivalence du signe. On observe, certes, la fin d'une vie concrète; mais elle ne découle pas de l'intervention du dard du scorpion, elle s'incrit au contraire dans le déroulement normal de la destinée. D'autre part, cette vie concrète ne se termine que pour recommencer; chez l'homme, dont l'existence ne finit pas avec le signe du Scorpion, mais avec les années, ce signe apporte l'assurance qu'il renaîtra : d'abord dans sa descendance, comme Orion a perpétué Hyrieus; ensuite en lui, même s'il n'a pas d'enfant, comme Orion a repris vie en devenant une lumineuse constellation dans le ciel. Vie éternelle et vie organique, partie de tout ce qui évolue sur terre.

Ce signe zodiacal fait, le premier, une allusion aussi précise que largement développée à l'initiation, telle qu'elle se pratique et se commente dans diverses sociétés secrètes philosophiques; il représente un symbolisme de tous les temps et de toutes les écoles.

Ainsi, dans la symbolique hindoue, le signe du Scorpion exprime que l'énergie, élaborée et conduite par le signe de la Vierge, se condense en une image définie. D'un monde primaire, elle passe, par l'intermédiaire de la Balance, dans un monde plus évolué; elle enregistre l'apparition de l'état de rêve. Puis, avec le Sagittaire, le signe suivant, la matière interviendra, complétée par la pensée.

On voit donc, dans la symbolique du signe, les stimuli de la conscience se condenser en images-pensées, qui deviennent elles-mêmes des forces actives et agissantes dans le domaine physique et subjectif.

Enfin, le hiéroglyphe du signe indique surtout son caractère d'agressivité.

L'astronomie selon Oronce Finé, 1542.

Chapitre III
Explication astrologique du signe

Nous allons maintenant déchiffrer le signe zodiacal du Scorpion, en nous attachant à toutes les observations astrologiques qui peuvent être réalisées à son sujet.

En premier lieu, puisque nous étudions le huitième signe du Zodiaque, nous nous intéresserons au parallèle existant entre les signes et les Maisons. Le signe du Scorpion se trouve dans un rapport étroit avec la Maison VIII. Mais que signifie-t-il ?

Rappelons brièvement la théorie des Maisons.

La Terre tourne sur elle-même

Tout être placé sur notre planète a l'impression que celle-ci, en tournant sur elle-même, assiste au défilé, dans la voûte céleste, des signes du Zodiaque, dont la succession se fait selon une ceinture entourant la Terre et fictivement située dans le ciel. Cette ceinture théorique se divise en douze sections, correspondant chacune à un signe.

Elles se répartissent ainsi :

Du 21 mars au 20 avril, le Bélier.
Du 21 avril au 20 mai, le Taureau.
Du 21 mai au 21 juin, les Gémeaux.
Du 22 juin au 22 juillet, le Cancer.
Du 23 juillet au 22 août, le Lion.
Du 23 août au 22 septembre, la Vierge.
Du 23 septembre au 22 octobre, la Balance.
Du 23 octobre au 21 novembre, le Scorpion, que nous étudions dans le présent volume.

Du 22 novembre au 20 décembre, le Sagittaire.
Du 21 décembre au 19 janvier, le Capricorne.
Du 20 janvier au 18 février, le Verseau, et enfin :
Du 19 février au 20 mars, les Poissons.

Mais si nous suivons le cycle de la journée terrestre, c'est-à-dire le mouvement de la Terre autour de son axe, nous voyons le ciel selon deux plans différents. D'une part, le plan de l'horizon : il partage la sphère céleste, au centre de laquelle nous avons l'impression de nous trouver, en deux parties, dont l'une, au-dessus de nous, reste donc visible, et l'autre, au-dessous de la ligne de l'horizon, devient invisible. D'autre part, un plan imaginaire, qui passerait par le cercle du méridien, cercle situé entre les deux pôles de la Terre, et partagerait cette sphère en deux moitiés, l'une occidentale, l'autre orientale.

Deux plans qui séparent une sphère donnent donc quatre parties, ainsi déterminées. Pour les définir, contentons-nous de considérer le cours du Soleil, non pas son cours réel, mais son cours apparent, tel que le voit un sujet placé à la surface de notre globe, comme vous et moi. Quand le Soleil arrive au-dessus du point le plus bas de la partie inférieure du méridien, celle qui se trouve au-dessous de la ligne d'horizon, on dit qu'il passe au « Fond du Ciel ». Quand à nos yeux il se lève, c'est-à-dire quand il apparaît sur la ligne d'horizon à l'orient, on dit qu'il est au point « Ascendant ». Quand sonne midi à l'heure vraie, l'heure solaire, cela signifie que le Soleil passe au point le plus élevé de sa course par rapport à notre observateur, point appelé « Milieu du Ciel ». Quand, enfin, le Soleil redescend sur l'horizon, à l'ouest, il va se coucher au point « Descendant ».

Lorsqu'une planète se trouve sur l'un de ces quatre points, elle marque un moment particulier de l'existence du sujet : ce qui se produit par exemple pour l'Ascendant à la naissance.

De même, les différents signes du Zodiaque passent

tour à tour par ces quatre points essentiels; lorsqu'un signe arrive au point appelé Ascendant, il influence d'une manière très accentuée la vie du sujet; il marquera même sa personnalité si ce passage se produit au moment de la venue au monde.

Les astrologues ont ensuite partagé cette sphère céleste imaginaire, déjà découpée en quatre, en douze tranches ou secteurs, les Maisons. Cette division s'effectue sur la ligne de l'équateur. Donc, en cet endroit précis, les Maisons sont toutes égales; cet équilibre disparaît ensuite progressivement à mesure que l'on se rapproche des pôles. Mais cela nous intéresse peu, car il existe des tables où l'on inscrit la position des Maisons par rapport à la Terre pour chaque date et chaque heure. Ainsi, en déterminant l'heure réelle de votre naissance, qui ne change pas, alors que l'heure légale, elle, varie, vous connaîtrez votre signe Ascendant.

Dans un prochain chapitre, qui traitera des types mixtes du Scorpion, nous parlerons des personnes nées sous ce signe, mais avec en Ascendant un des autres signes.

On a posé comme convention que la Maison I se trouvait sur la ligne d'horizon, au point Ascendant. La Maison IV correspond au point appelé Fond du Ciel; la Maison VII commence au point Descendant et la Maison X marque le Milieu du Ciel.

Les Maisons

On a attribué des compétences à ces Maisons et elles permettent de préciser avec davantage de détails les horoscopes. La liste des Maisons et de leurs attributions s'établit ainsi :

Maison I : le sujet en soi, vu sous l'angle psychologique, l'ensemble de sa personnalité et ses tendances fondamentales;

Maison II : les éléments concrets constituant l'ambiance dans laquelle se déroule la vie du sujet; par exemple ses biens, sa fortune, ses acquisitions matérielles;

Maison III : les liens et les échanges entre le sujet et les personnes de son entourage; notamment ses frères et sœurs, ses proches parents, ses amis intimes, ses voisins. Concerne aussi les écrits et les déplacements du sujet;

Maison IV : les origines du sujet; ses parents, sa maison familiale, son lieu de naissance;

Maison V : les loisirs du sujet; ils comprennent les distractions diverses, les jeux, l'amour et aussi les enfants;

Maison VI : les servitudes auxquelles le sujet est astreint malgré lui; les corvées, le métier, les problèmes de santé et les questions domestiques;

Maison VII : le sujet au milieu de sa vie quotidienne, avec ses amis et camarades, ses patrons, ses associés, ses adversaires, et également son conjoint;

Maison VIII : la mort du sujet et son héritage, les crises qu'il traverse, ses métamorphoses;

Maison IX : les éléments élevés de l'existence; ses connaissances supérieures, ses expériences et sa vie spirituelle; s'attache aussi aux grands voyages;

Maison X : la vie sociale du sujet, sa profession et son déroulement, sa carrière et ses chances de réussite, sa réputation et les honneurs qu'il reçoit.

Maison XI : les amitiés et les protections dont jouit le sujet.

Maison XII : les épreuves dans la vie du sujet et notamment ses ennemis cachés, ses maladies, les divers obstacles qui peuvent entraver sa route, l'exil.

Or, nous l'avons dit, le signe du Scorpion correspond à la Maison VIII.

Rappelons que celle-ci concerne la mort et l'ouverture de la succession, mais aussi les métamorphoses du sujet. Nous constatons donc, à la lumière de nos

La Mort. Miniature du XVe *siècle.*

connaissances, que les caractères propres à ce signe s'accordent avec les attributions de la Maison VIII, surtout si nous nous référons au symbolisme et à la mythologie du signe.

Il nous faut d'abord déterminer, parmi les caractères astrologiques du signe, la compétence de la Maison VIII.

Les planètes et leur influence

Quand on parle des planètes, en Astrologie, on ne parle que de celles qui appartiennent au système solaire, celui dans lequel se trouve notre globe. On connaît actuellement dix planètes. Elles se déplacent à des vitesses différentes. Celles-ci varient non seulement dans la réalité astrale, mais aussi dans l'impression que nous en avons : plus ou moins distantes de la Terre, et orientées selon divers angles, elles nous semblent souvent se déplacer les unes par rapport aux autres, et parfois même changer de marche et s'en aller à reculons.

Nous allons établir la liste des dix planètes qui interviennent en Astrologie, accompagnée d'un bref exposé de l'action qu'elles sont censées avoir sur le comportement des êtres humains. Précisons que ces suppositions s'appuient sur de solides et nombreuses constatations; certes, elles ne constituent pas de preuves certaines de cette action, mais elles la rendent vraisemblable.

Quand on trace pour un sujet la carte du ciel, on relève avec soin la position des planètes, afin d'en tirer des observations qui apporteront certaines précisions. Mais il faut pour cela connaître l'influence de chaque planète sur le comportement des êtres humains et les événements qui les concernent.

On a déterminé les différentes vitesses de ces astres. Et, d'abord, la Lune, qui fait le tour du Zodiaque en vingt-sept jours; elle se déplace à une vitesse moyenne de treize degrés d'angle par jour. Mercure et Vénus sont moins rapides, avec un degré par jour; elles se tiennent toujours dans le voisinage du Soleil et on les retrouve donc la plupart du temps dans le thème que l'on calcule. Mars, plus lent, ne parcourt guère qu'un demi-degré par jour : il lui faut ainsi deux ans pour accomplir une révolution complète autour du Zodiaque.

Viennent ensuite les astres encore bien plus lents, peut-être parce qu'ils se trouvent beaucoup plus loin du Soleil que les précédents : Jupiter fait le tour du Zodiaque en douze ans; Saturne met vingt-neuf ans et demi pour accomplir le même parcours et Neptune, cent soixante-quatre ans.

Le mouvement de ces planètes n'est pas désordonné; on a constaté qu'elles ne s'écartaient jamais beaucoup de l'équateur céleste. En fait, leurs déplacements s'effectuent à l'intérieur d'une bande cylindrique entourant la Terre, et dont la hauteur, mesurée en degrés d'angle, ne dépasse pas dix-sept degrés.

La position des astres dans le ciel

Quand on veut préciser la position d'un point à la surface de la Terre, on indique le nombre de degrés de longitude, Est ou Ouest, qui le séparent du méridien. zéro, celui qui passe par l'observatoire de Greenwich, en Angleterre. On détermine ensuite une seconde mesure, la latitude, Nord ou Sud, selon que le point se trouve dans l'hémisphère boréal ou dans l'hémisphère austral, le degré zéro correspondant à l'équateur. L'intersection de ces deux lignes définit rigoureusement le point.

Dans le ciel, ou tout au moins dans la partie du ciel qui intéresse les astrologues, on évalue la position des astres de la même façon. Dans le firmament considéré comme une sphère, dont la Terre serait le centre et dont nous pourrions voir la surface intérieure, on projette les degrés de latitude et de longitude, ainsi que l'équateur. On peut alors effectuer les calculs.

Pour mesurer la latitude, on utilise la projection de l'équateur terrestre dans le ciel; pour la longitude, on ne saurait projeter le méridien de Greenwich; on a donc choisi un point fixe, appelé point « gamma » ou « point vernal », qui se définit par la rencontre de l'écliptique avec l'équateur. En principe, il reste stable, du moins si l'on excepte une légère variation dont nous avons parlé dans le premier volume de cette série sur l'interprétation de votre signe, consacré au Bélier.

Le point vernal constitue la base de toute mesure concernant la position des astres.

On considère l'écliptique, la ligne parcourue par le Soleil environ en trois cent soixante-cinq jours, comme une circonférence, divisée en trois cent soixante degrés. Ceux-ci se groupent ensuite en douze secteurs de trente, qui portent chacun le nom d'un des signes du Zodiaque. Et ces noms sont tout simplement ceux des constellations qui se trouvent approximativement derrière ces divisions.

Des tables, appelées « Ephémérides », donnent chaque année la situation des planètes par rapport au point vernal. On peut donc retrouver la position de chacune d'elles au moment de la naissance du sujet, et faire également ce calcul pour certaines dates importantes de sa vie.

D'après le tracé obtenu, ou carte du ciel, l'astrologue déterminera le caractère du sujet, les grandes lignes de sa destinée et la manière dont il y réagira.

Sans avoir recours au spécialiste, il reste possible de se renseigner au moins sur son propre caractère et sur ses réactions face aux principaux événements de la vie, en consultant les études contenues dans cette série, dont chaque volume concerne un seul des douze signes du Zodiaque.

Découvrez votre type planétaire

Pour définir une personnalité selon les données de l'astrologie, on utilise plusieurs moyens qui se complètent et se recoupent. On dispose d'abord du signe du Zodiaque au moment de la venue au monde, le signe solaire. Nous ferons plus loin le portrait des natifs du signe du Scorpion. On améliore ensuite la précision en recherchant le signe qui, lors de la naissance, se trouvait en Ascendant, celui qui apparaissait théoriquement sur la ligne d'horizon à l'orient. On complète alors ces informations en fonction du caractère donné par chacune des planètes : l'une d'entre elles, située alors en Ascendant, ou en Milieu du Ciel, a pu donner au sujet son type psychologique général, ou l'a en tout cas influencé.

Trois éléments contribuent donc à définir la psychologie du sujet : le signe zodiacal solaire, le signe zodiacal Ascendant et la planète directrice.

En effet, si vous êtes né sous le Soleil, vous ne ressemblerez pas à un sujet né sous la Lune, ou sous Mars, et ainsi de suite. Nous décrivons ci-dessous les principaux traits de caractère donnés au sujet lors de sa naissance par un astre placé en situation influente.

Dans le ciel astrologique, le Zodiaque est fixe; les planètes, en revanche, subissent des mouvements qui leur sont propres; aussi leur influence sur les humains devient-elle dynamique, alors que l'influence du signe zodiacal reste statique.

Pour tracer le portrait astrologique d'un sujet, nous disposons donc : du signe zodiacal solaire, qui détermine la personnalité profonde, innée; du signe zodiacal Ascendant, qui influence les modifications du type de base au cours de la vie; enfin, des planètes, qui apportent des éléments dynamiques.

Celles-ci représentent une morphologie qui se superpose à celle qu'exprime le signe zodiacal; une fonction prédominante de l'être; enfin, une fonction spécialisée, selon la Maison dans laquelle se trouve la planète.

Cette influence se voit accentuée et modifiée par les « aspects », positions réciproques des planètes les unes par rapport aux autres, et qui peuvent se révéler harmoniques ou dissonantes.

Mais considérons successivement chaque planète pour en déterminer l'influence.

Le Soleil

L'individu marqué par le Soleil est un être rayonnant, qui diffuse tout autour de lui une influence chaleureuse. Quelles que soient ses qualités intellectuelles ou morales, chacun a tendance à l'admirer, à reconnaître sa supériorité. S'il se révèle profondément autoritaire et volontaire, il cache ces attitudes derrière une parfaite courtoisie. Il manifeste un goût pour la perfection et, sans qu'interviennent les différences sociales ou financières, il sait organiser sa vie et celle de sa famille dans les meilleures conditions possibles. Il semble qu'une autorité magnétique se dégage de sa personne.

En fait, il représente, sur le plan social, la réussite, à tous les niveaux; il s'attire plus facilement les honneurs; on lui reconnaît volontiers un certain poids. Il parvient à discipliner ses passions, il réfléchit avant de réagir aux faits qui se présentent à lui, et il a de la mémoire; en un mot il est, psychologiquement parlant, un « secondaire ».

Dans le thème individuel, le Soleil détermine la façon dont le sujet se place au sein de la société, les moyens et le but qu'adoptent son idéal et sa volonté de puissance, et la conduite de sa force créatrice. Le Soleil permet encore d'estimer l'objectivité et la moralité du sujet. Chez les femmes, il indique également le degré d'acceptation de la présence de l'homme.

Carte d'un jeu de tarot.

2 Droit
ECLAIRCISSEMENT
Droit 2
LA LUMIÈRE
LA LUMIÈRE
2 Renversé
FEU
Renversé 2

La Lune

La Lune, simple satellite de la Terre, ne devrait pas, en théorie, faire partie de ces planètes. Mais elle se trouve si proche de notre globe qu'elle influence les êtres qui y vivent. On en parlera donc au même titre que des autres.

Au lieu de produire sa propre lumière, elle reçoit celle du Soleil et la renvoie; dès lors, on la considère, par opposition au Soleil, comme un élément féminin. L'un serait émetteur et actif, l'autre réceptive et passive.

La Lune, en astrologie, représente ce que l'être humain a d'inconscient, d'involontaire, de changeant, ce qui en lui participe de la vie organique, ou qui en découle directement, cette vie organique qui continue pendant que nous dormons.

Elle influe sur le rêve, sur l'imagination, sur la mémoire, et détermine certaines facultés, comme la faculté d'adaptation inconsciente aux conditions de vie. Le sujet qui se trouve placé sous sa domination est, en principe, un être plus gras que maigre, à la peau plus blanche que brune, aux yeux souvent grands et un peu étonnés; ce rêveur manque de dynamisme, ce gourmand a tendance à grossir.

Tandis que l'individu solaire reste dominé par l'élément Feu, le lunaire se trouve sous l'influence de l'élément Eau. Son comportement général semble plus féminin que viril. Il n'apprécie pas la lutte et trouve toujours un moyen de l'éviter. Fantaisiste, il suit plus volontiers sa sensibilité et son imagination, d'ailleurs immenses, que les principes posés par sa volonté. Volonté faible, sensibilité forte. Ce grand émotif a conscience de sa vie intérieure et n'hésite pas à l'observer : c'est un introspectif et, surtout, un introverti.

Le type lunaire présente de grandes affinités avec la foule, dont il saisit parfaitement les mouvements et l'humeur. Il garde toujours un côté enfantin plein de charme et de poésie, mais qui nécessite souvent la protection d'un type plus dur, plus fort.

Dans le thème individuel, on considère que la Lune indique les attitudes du sujet dans sa vie intérieure, dans l'héritage de son enfance, dans ses rapports avec sa famille et dans son épanouissement intérieur et secret. On peut y estimer la part de rêve et d'imagination, et également l'importance de la vie végétative.

Tant pour les femmes que pour les hommes, elle exprime la façon dont chacun vit ses rapports avec le sexe opposé.

Mercure

Mercure est une planète très rapide. Le sujet qui se trouve sous sa domination garde longtemps une silhouette jeune et mince, avec des mouvements vifs. Sans jamais devenir un lutteur, il reste un être tout en souplesse. Le mercurien présente un tempérament nerveux; entièrement soumis à ses émotions, même les plus minces, il agit selon son premier mouvement et suit ses inspirations. Particulièrement adaptable, il peut devenir en fait introverti ou extraverti sous l'influence des faits extérieurs.

Il éprouve des difficultés à se fixer et n'aime rien tant que le changement. Passionné par les contacts humains et fort beau parleur, il passera parfois pour un affectif ou un sentimental, mais à tort. Pour lui, tout reste cérébral, et le cœur, tout comme la sexualité, n'ont souvent guère d'importance.

Il est la représentation astrale du mécanisme mental. Quel que soit son niveau intellectuel, Mercure l'aide à utiliser au mieux ses possibilités. Il sait dès lors s'adapter au monde extérieur qu'il perçoit et connaît non pas par l'intelligence, ni par l'instinct, mais par le raisonnement.

Vénus

La planète Vénus porte aussi le nom d'Étoile du Berger. Le sujet placé sous son influence se révèle sensible et affectueux. Il ne s'intéresse aux questions intellectuelles que dans la mesure où elles ont un rapport avec les sensations : il sent plus qu'il ne comprend; son tempérament sanguin reste peu actif, mais tend à lui donner une grande sensibilité, qui se manifeste dans son besoin instinctif de se lier.

Le vénusien a des traits doux, réguliers, élégants, de caractère dilaté, comme la lumière, mais cependant moins marqué.

Il demeure peu dynamique. S'il doit choisir une profession, il évitera celles qui demandent des ressources d'énergie et de volonté : les commerces de luxe, et tout ce qui se rapproche de l'art, sont ses terrains d'élection.

En général, le vénusien a de la chance et réussit dans la vie; non pas en raison de ses capacités, mais de son charme personnel, qui lui attire la sympathie de tous ceux qu'il rencontre.

L'aspect de Vénus dans le thème du sujet est très utile, car il indique le degré d'affectivité, ses besoins amoureux, et les domaines où s'expriment ses tendances sentimentales. Ces observations détermineront aussi ses préoccupations esthétiques et artistiques.

Enfin, elles permettront d'estimer les éléments de chance, car ils se trouvent fondés sur le charme vénusien.

Mars

L'étude de l'influence de Mars apparaît, dans ce volume, particulièrement importante, car cette planète domine les natifs du signe zodiacal du Scorpion. Si rien n'entrave son action, le sujet deviendra une personnalité martienne et présentera donc des tendances particulières.

D'abord, la planète Mars représente l'agressivité. Comme nous l'avons dit plus haut, ce terme ne doit pas revêtir de sens péjoratif, car l'agressivité se révèle utile dans le développement de chacun d'entre nous. Elle peut s'exercer contre les choses, les faits ou les circonstances, et alors elle aide le sujet à sortir des éventuelles passes difficiles qu'il traverse. D'autre part, elle sert l'ambition; elle élimine les adversaires. Même dans les carrières qui n'ont aucun rapport avec la lutte, ou la guerre proprement dite, l'agressivité a son objet et son emploi. Elle reste la principale qualité accordée à Mars.

La planète rouge détermine chez le sujet l'action, le dynamisme sous toutes ses formes, l'impulsivité et le désir de conquête; elle apporte un tempérament bilieux. Le personnage, musclé, a un visage aux traits accentués et un regard perçant, sous des sourcils qui avancent en broussaille.

Le martien apparaît, dans ses réactions, primaire, car il manifeste une spontanéité directe. Il est franc, ardent, actif. Réaliste, il préfère la quantité à la qualité.

Selon ces aspects, cette planète indiquera chez le sujet le degré d'agressivité, le don de contestation, la violence et le nombre des désirs, les haines et les colères.

Elle déterminera enfin, selon ses rapports avec Saturne, l'attitude face aux responsabilités.

Jupiter

Cette grande planète brille d'un très bel éclat et on considère toujours sa présence dans un thème astrologique comme bénéfique. Le type jupitérien est un dilaté, souvent de petite taille, mais avec un buste large; parfois beau, il a cependant en général des traits assez épais.

Extraverti, profondément sociable, de relations faciles, il s'occupe volontiers d'intérêts publics. Il se révèle psychologiquement primaire : spontané dans toutes ses actions, il ne pèse pas longuement ses décisions.

Conformiste, on ne le verra jamais du côté des révolutionnaires. Il sait en toutes circonstances se faire une place enviable et sa vie est rarement un échec.

Dans le thème astral, la position de Jupiter indique les possibilités du sujet dans son développement personnel et social, sa place dans la vie professionnelle et au milieu de ses amis et de ses parents.

Elle précise également les domaines où l'intéressé réussira au mieux sa carrière.

Selon sa position par rapport à Saturne, planète des contradictions, des freins et de la stabilisation, Jupiter permet de dire si le sujet connaîtra un succès solide, ferme, durable, ou si, au contraire, il se verra ralenti, freiné par des obstacles, des retards, des atermoiements, qui pourraient nuire gravement au résultat final.

Saturne

Saturne, c'est tout ce qui dure, se prolonge ou se retarde; donc un élément de lenteur.

Mais aussi un élément de stabilité. Le temps permet souvent, mieux que la spontanéité, des créations durables et solides. Cette planète a longtemps passé pour maléfique; mais, aujourd'hui, le développement de la psychologie et l'évolution de la pensée philosophique ont remis en cause cette opinion; on s'accorde à penser qu'elle possède aussi ses qualités, vues sous un angle différent : ainsi les freins ou les

Saturne. Gravure d'après Le Perugin, XVIe siècle.

ralentissements imposés par Saturne ont leurs avantages.

Cette planète reste celle des épreuves et des séparations, mais aussi celle des œuvres de longue haleine et des études philosophiques. Même si le sujet ne le voit jamais sur l'instant, les épreuves ont un intérêt réel; les séparations deviennent parfois nécessaires, bien qu'on les refuse, qu'on les déplore : elles peuvent dans certains cas nous servir, et nous n'en conviendrons que plus tard.

L'être dominé par Saturne est un nerveux, comme le mercurien, mais plus condensé, plus ferme.

Il a souvent l'air renfrogné, mais, en revanche, il sait facilement se concentrer et entreprendre des travaux de longue haleine.

Travailleur infatigable, il trouve sa chance dans sa ténacité et sa patience. Il ne doit pas compter sur le hasard, et il s'en garde bien : d'ailleurs, son caractère ne l'y pousse pas.

Dans le thème astral, la position de Saturne explique chez le sujet le degré de manifestation de l'avidité, de l'instinct de conservation et du désir de possession. Sa situation par rapport aux autres planètes du thème permettra également d'indiquer les éventuelles inhibitions et les regrets que manifeste la personne concernée.

Saturne peut faire connaître, lorsque le sujet n'a pas encore choisi sa voie, les domaines où ses qualités de force morale et de philosophie aideront à sa réussite. Dans cette recherche, la présence d'Uranus facilitera les efforts, tandis que celle de Neptune conduira à des entreprises très longues, ou au découragement; quant à celle de Pluton, elle signalera parfois l'apparition de difficultés.

Carte du globe céleste, *par Albrecht Dürer. Nuremberg, XVI*[e] *siècle.*

Uranus

La découverte, relativement récente, de cette planète essentielle remonte à 1781.

Elle tire son nom de celui d'Ouranos, le véritable dieu des Grecs de l'Antiquité qui exprimaient au travers de leur mythologie leur expérience philosophique, psychologique et sociale. Ouranos avait mis de l'ordre dans le chaos; il devint la personnification du Ciel.

Depuis la fin du XVIIe siècle, le monde a beaucoup changé et son évolution s'est accélérée.

Le sujet dominé par Uranus présente le type même du technocrate, influencé par un rationalisme net, entier, du scientifique qui place toute sa confiance dans le progrès, même si celui-ci semble actuellement fauteur de troubles. Ouranos organisa le chaos, l'uranien croit en l'avenir qui verra revenir l'ordre après une période nécessaire d'apprentissage du progrès technique. Un ordre qu'il voit d'ailleurs avec un regard réaliste.

Cet être se montre disposé à renoncer à bien des valeurs qui ne lui semblent pas essentielles, dans le seul but de réussir mieux et plus vite dans le domaine qu'il a choisi.

On le considérerait volontiers comme un arriviste, mais le reste du thème peut modifier cette impression, si la présence d'autres planètes vient atténuer l'influence de celle-ci.

La présence d'Uranus et sa position dans le thème donnent des indications sur certains domaines de l'existence du sujet, qui sont exposés à de brusques transformations.

Neptune

Lorsqu'on aperçut pour la première fois Neptune dans le Ciel, au milieu du XIXe siècle, sur la Terre on étudiait déjà le principe des premiers sous-marins. Cette planète détermine un signe de réceptivité au milieu ambiant : la personnalité s'adapte.

Dans un thème astral, sa présence annonce un être strictement individualiste, non conformiste, irrationnel et tourné vers une solidarité s'étendant à l'humanité tout entière.

Elle apporte une note idéaliste, le rêve, les illusions, et surtout des aspirations tendant à assurer le bonheur universel. Le sujet qui a Neptune dans son thème se sent uni à la collectivité.

Il se montre capable d'inspiration, parfois de dons occultes de voyance, de divination, de révélations sensationnelles ou, encore, de contact avec le divin.

Pluton

Pluton reste la découverte la plus récente. On lui a donné le nom du dieu qui régnait sur le royaume des morts. Et, sans doute, cette planète n'apporte pas dans le thème d'éléments de douceur, ou de délicatesse. Elle marque en général le goût de l'argent et de la richesse matérielle.

Selon sa position par rapport aux autres planètes, Pluton peut créer un climat d'agressivité assez marqué, avec, dans certains cas, une influence sur les bas-fonds, sur la constitution des bandes de jeunes désœuvrés, mais on la connaît encore trop mal pour bien cerner l'importance de son rôle. Les astrologues n'ont pas eu le temps de dresser les statistiques qui, seules, permettent de démontrer l'action des planètes sur le comportement des êtres humains.

Les effets de toutes ces planètes dépendent de leurs positions réciproques. Leur étude nécessite une carte de l'état du ciel au moment de la naissance du sujet; ces cartes se trouvent dans le commerce. Nous avons expliqué par le détail, dans un précédent volume de cette série sur l'interprétation de votre signe, les positions des planètes et leur signification, que l'on appelle les « aspects » (voir le volume 4, *Le Cancer,* première partie, chapitre I).

Les planètes dans le Scorpion

Dans le Scorpion, la Lune est dite « en exil », parce qu'elle n'y exerce pas une influence bénéfique. Elle peut signaler le risque de fantasmes, d'obsessions, ou une agressivité capable de déclencher des passions violentes ou destructrices.

La présence de Mercure dans ce signe révèle chez le sujet un esprit curieux et le rôle prépondérant des valeurs intellectuelles.

Comme la Lune, Vénus ne se trouve pas ici favorablement « aspectée » : on dit qu'elle est « en chute ». Les caractéristiques qu'elle apporte présentent des points défavorables, négatifs; on notera des obstacles dans les problèmes sentimentaux.

En revanche, Mars occupe une bonne place. Cette planète détermine un esprit de combativité favorable à la lutte pour la vie, objectif de la plupart d'entre nous. Si l'aspect est bon, il laisse entrevoir toutes les chances; s'il est mauvais, des orages passionnels troubleront le cours de l'existence du sujet.

Jupiter, par sa présence, accentue l'ambivalence du signe. Il l'enrichit d'éléments compensateurs qui pallieront d'autres effets destructeurs ou trop violents.

Saturne, avec son frein et ses ralentissements, se révèle ici bénéfique. Il rétablit le contrôle de soi.

Uranus, dans ce signe, risque d'apporter un excès d'individualisme, des incidents, peut-être même le choix d'une action brutale.

Neptune incite aux expériences sur l'occultisme.

En résumé, le signe du Scorpion se trouve essentiellement gouverné par Mars et Pluton. Et si l'influence de cette dernière planète sur notre comportement individuel reste encore mal connue, en revanche, celle de la première est beaucoup plus précise.

Nous venons d'explorer toutes les possibilités qui permettent de déterminer, par l'observation du thème astral des natifs du signe zodiacal du Scorpion, les tours et les détours de leur personnalité. Il serait donc maintenant utile d'envisager une étude détaillée de leur caractère personnel. La psychologie et les différentes tendances des natifs du signe, leur santé, leur force physique, ainsi que leurs dispositions professionnelles, feront l'objet du prochain chapitre.

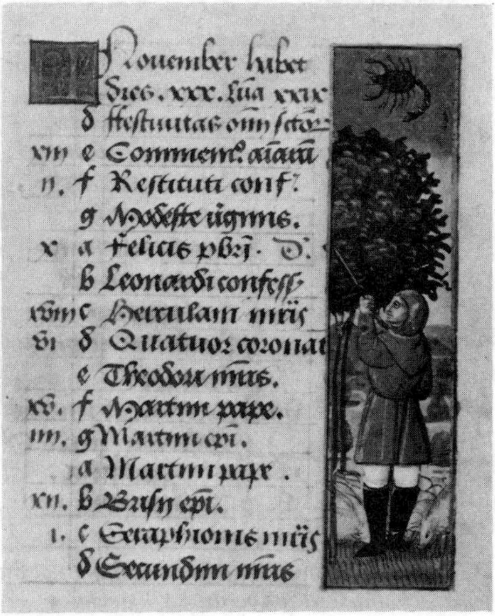

Novembre. Horae ad usum romanum, *manuscrit latin du XVᵉ siècle.*

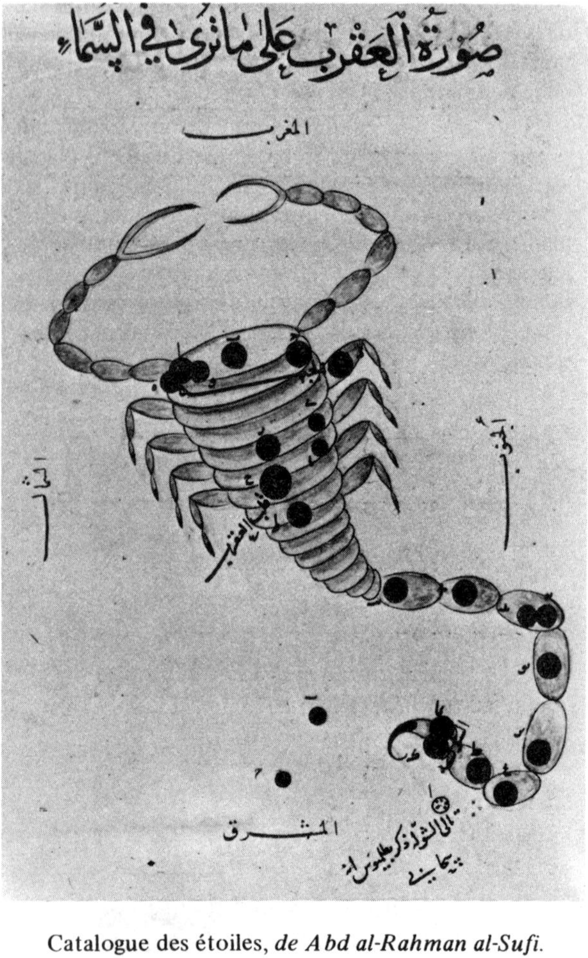

Catalogue des étoiles, *de Abd al-Rahman al-Sufi. Manuscrit arabe du XVe siècle.*

Deuxième partie

Les planètes et leurs correspondances, gravé d'après Martin de Vos, XVIe siècle.

Chapitre I

Les natifs du signe du Scorpion

« L'artiste n'est pas celui qui crée :
c'est celui qui sent. »
ANDRÉ MALRAUX.

Symboliquement, on admet que les signes ont alternativement un caractère masculin ou féminin; ainsi le Scorpion, huitième signe du Zodiaque, est féminin. Cela ne signifie en rien que les hommes natifs de ce signe deviennent des personnages efféminés. Tentons de préciser cette expression.

Le natif du signe se montre très réceptif, sensible, imaginatif : il se fie à ses sentiments plus qu'à sa raison. Mais ce côté féminin reste assez particulier, en raison de la présence des planètes qui le gouvernent, Mars et Pluton.

Un Scorpion ne se refait pas. L'insecte qui donne son nom à ce signe a, dit-on, gardé l'aspect que nous lui connaissons aujourd'hui depuis son apparition dans le monde animal, il y a des millions d'années. Dès lors, on peut saisir et comprendre bien des attitudes de ces natifs. Inutile de tenter de modifier profondément le caractère d'un enfant né sous ce signe; tout au plus pourra-t-on lui donner quelques principes qui lui permettront de faire honnête figure dans la société actuelle. Souvenez-vous : Orion n'a reçu aucune éducation; depuis le jour où son père le trouva dans son jardin, il ne changea plus durant toute sa vie.

Quel est ce caractère dont nous déclarons qu'il est immuable ? Peut-on le conserver ainsi, dans sa forme brute ? Un Scorpion se montre-t-il de fréquentation plaisante ?

Avant d'aller plus loin, nous devons faire ici une remarque assez importante : la nature des natifs du Scorpion semble suffisamment originale pour que, dans un lointain passé, on se soit méfié d'eux et qu'on ne leur ait pas accordé la sympathie à laquelle, comme tous les êtres vivants, ils avaient droit. Bien au contraire, on les aborde volontiers dans un état d'esprit restrictif, fait de doute, de circonspection et de curiosité.

Certes, il reste des traces des méfiances passées; cependant, tout le monde sait, aujourd'hui, que les signes du Zodiaque ne créent, chez les natifs de chacun d'entre eux, aucune différence fondée sur l'intelligence ou la bonté.

Chacun possède le caractère que lui apportent la nature, le Zodiaque et les planètes à sa naissance. Des dons qu'il a reçus, il fera ce qu'il voudra, en toute liberté. On ne saurait donc, sans commettre une injustice flagrante, privilégier un signe par rapport à un autre.

Si la carapace rigide du Scorpion existe, elle se fait sentir, pour chaque sujet, d'une manière différente. En présence d'une personne de ce signe, on ne doit jamais oublier ce besoin qu'elle éprouve de se protéger. Lorsqu'elle se trouve dans une position visiblement forte par rapport à son interlocuteur, on peut alors se demander si elle pense encore à s'abriter. Oui, très certainement. Quelle que soit la situation dans laquelle il se trouve, le Scorpion raidit sa carapace et, d'une façon et selon un style tout personnels, il s'efforce de se protéger, à l'insu des autres.

Des instincts impérieux

Le natif du signe zodiacal du Scorpion se classe parmi les tempéraments bilieux.

Que signifie ce terme ? Il nous vient du passé, d'un temps où on classait ainsi les gens, selon leur « tempérament ». On trouvait alors les catégories suivantes :

Le bilieux, marqué par le Feu : être passionné, mais maître de soi, possédant une musculature puissante et un caractère porté vers l'action directe.

Le nerveux, marqué par la Terre : dominé par son système nerveux et sa vie cérébrale; c'est plutôt un penseur.

Le sanguin, marqué par l'Air : l'appareil respiratoire prend chez lui le rôle principal; les fonctions circulatoires et sexuelles ont aussi leur importance. Il se révèle optimiste et euphorique.

Le *lymphatique,* marqué par l'Eau : l'appareil digestif et les fonctions de nutrition dominent; c'est un instinctif, un rêveur.

Avec le Scorpion, nous nous trouvons donc en présence d'un être employant l'action directe, le mouvement musculaire, le geste. On dit qu'il vit au niveau de ses instincts.

Il s'avère difficile, lorsqu'on fait la connaissance d'un sujet né sous le signe du Scorpion, de déterminer au premier abord son signe de naissance et son caractère. Pour certains autres signes, les natifs sont faciles à reconnaître; ici, la tentative devient inutile.

Comme *l'arachnide* se cache sous une carapace rigide qui masque ses mouvements, le natif du Scorpion présente un aspect extérieur calme, voire froid, indifférent. Mais s'il se laisse déchiffrer, il devient alors expressif. Une barrière se trouve franchie.

Que cache donc cette apparence ? L'instinct.

Le Scorpion est un passionné; et il vit des passions impératives, ardentes, violentes même. Parfois, des inhibitions les masquent, les freinent, mais elles finissent un jour par apparaître.

Chacune de ses déterminations vient des profondeurs de ses entrailles : on ne pourrait rien y changer. Elles présentent une sorte de caractère organique, fondamental.

Le Scorpion peut changer d'aspect, sembler se modifier; en fait il n'en fait rien : il est né ainsi, il vit ainsi.

Le natif du signe a le goût de vivre, mais de vivre avec âpreté; la mollesse des coussins de soie ne l'attirera jamais. Cependant, il peut montrer une grande ambition et, dans ce cas, il devient capable de réalisations presque impossibles pour atteindre son but. Mais ce but, notons-le, n'est jamais une vie de retraite passive et confortable. La lutte, pour le Scorpion, représente la vie même.

Car la vie est une lutte, et même plus encore. Pour le natif de ce signe, le désir de vivre peut s'exacerber jusqu'à l'angoisse, mais un désir de vivre vraiment, de lutter.

Ce dernier trait ira parfois jusqu'au frisson métaphysique, et le Scorpion se trouvera alors aux bords d'un infini de violence, de douleur et de joie démesurées. Tandis qu'il subit ces puissants remous, il demeure extérieurement inchangé, semblable à lui-même.

S'il rejette le refoulement, s'il se laisse aller à cet instinct qui reste son guide, le Scorpion fait preuve d'une intrépidité qui étonne les natifs de tous les autres signes : pour lui qui, cependant, aime tant la vie, le danger fait partie du quotidien, et il ne craint pas de s'y exposer fréquemment. Il n'accepterait jamais de vivre longtemps dans le calme et la sérénité.

Tout se passe comme si, en la présence effective de puissances dissolvantes, il cherchait absolument à extérioriser un supplément de vitalité.

On dit parfois qu'au seuil de la mort, le flux vital

s'accroît soudain, phénomène qui permettrait entre autres de revoir son passé. De même, en face d'un grand danger, il semble que les forces se décuplent, et avec elles la claire vision de l'attitude à adopter immédiatement. Pour le Scorpion, qui naît à l'instant où tout, dans la nature, se résigne à la mort, ce surplus de forces existe à l'état permanent.

Son instinct lui dit qu'il porte en lui une nécessité impérieuse de résister aux puissances dissolvantes, dont la date de sa naissance l'a entouré.

Quand on vient au monde des vivants à l'époque où s'entrouvre pour un court instant la frontière qui les sépare des morts, il s'agit donc de ne pas passer de l'autre côté ! Le Scorpion en a l'air bien convaincu, et il vit intensément, comme s'il voulait s'éloigner de cette saison mortuaire, l'automne de novembre.

Et, dès lors, son agressivité se manifeste. Agressivité pour résister aux puissances dissolvantes. Agressivité purement spontanée : l'instinct de conservation parle très haut.

Les puissances dissolvantes sont là

Avant la naissance du Scorpion, l'année s'est déroulée d'abord dans l'espoir dynamique, avec le Bélier, puis dans les réalisations premières, avec le Taureau; elle a connu ensuite l'oxygénation, avec les Gémeaux, puis la germination, avec le Cancer; vint ensuite la maturité glorieuse, avec le Lion, puis les récoltes et la mise en réserve, avec la Vierge; enfin arrivèrent l'équinoxe et le renversement des valeurs, avec la Balance. Mais après, que reste-t-il ?

Tout est à présent enseveli, et une mystérieuse renaissance couve : il faut lui faire confiance, lui accorder foi, car rien, sauf le souvenir du passé, ne prouve jamais d'une manière certaine qu'elle se produira. Il semble qu'à l'idée de ne plus voir renaître la vie qui s'est éteinte à la fin du cycle naturel, le Scorpion rassemble un maximum de forces, d'énergie, de volonté, de ressort, de puissance, pour réagir et vivre encore, vivre à tout prix, vivre dangereusement. Pour trouver son équilibre, il doit se sentir le diable au corps. Tant qu'il ne trouve pas le moyen logique de donner toutes ses forces, il affirme qu'il n'a pas vécu. Et vivre, pourtant, il ne veut que ça.

Il existe dans le psychisme du natif du Scorpion une agressivité qu'aucun autre signe du Zodiaque ne possède. Sous l'influence de Mars, il se révèle capable de développer une « force de frappe » que jamais son aspect extérieur ne laisserait supposer. C'est là qu'intervient Pluton.

Remonter des abîmes

Orion, dans la mythologie, et nous y faisions allusion dans la première partie de ce livre, est né de l'impérieux désir de son père d'avoir un enfant. Ce père âgé, qui se sentait déjà quitter le monde et qui, instinctivement, voulait recommencer, renaître ou, tout au moins, se voir revivre dans un autre, émané de lui. D'où la vie active, physique, spontanée d'Orion.

Mais toute chose a son contraire et, comme l'ombre s'oppose à la lumière, à la vie s'oppose la mort; Orion doit, pour la logique de la légende, mourir pour vivre éternellement. Nous en sommes tous là. Mais le Scorpion, lui, ne veut pas disparaître : il a déjà subi, par personne interposée, grâce à Orion lui-même, le passage de la vie à la mort; il tend à devenir tout de suite cette constellation éclatante.

Né au seuil des abîmes, il a toute la vie pour gravir la pente et il ne manque pas de s'y consacrer.

Pour résister à la chute, pour assurer sa remontée, le Scorpion met en jeu toutes ses énergies et les excite,

Illustration de Sofia Giacomelli pour la Divine Comédie *de Dante (*l'Enfer, *chant XVII). Début du XIX*[e] *siècle.*

en luttant contre le monde qui l'entoure. Il se trouve d'ailleurs remarquablement armé et possède une capacité de privation unique dans le Zodiaque.

Il sait se défendre contre les circonstances contraires et contre ses semblables; il met tout en œuvre pour accomplir ce retour des abîmes et participer ainsi à la gloire rayonnante de la création universelle.

Dans ce souci constant, il emploie tous les moyens possibles, et notamment la procréation. Il a des enfants et souhaite leur donner, même si cette mission se révèle difficile, un maximum de chances, pour les voir s'accomplir dans tous les domaines : il prend ainsi une revanche sur la vie.

Le sacrifice contre nature

Le Scorpion insiste fortement sur les puissances dissolvantes que le destin met près de lui, en lui. S'il ne parvient pas à extérioriser la force intérieure qu'il peut leur opposer, il lui arrive de refuser de vivre et d'aspirer à l'anéantissement, au nirvàna.

Cette volonté se traduit insensiblement par la formation d'un solide rempart contre l'environnement, une nouvelle défense.

D'autre part, il soutient ses enfants, les pousse, les hisse, parfois même au prix du sacrifice suprême : le don de la vie en faveur d'une vie plus jeune, plus heureuse, mieux préparée à un avenir brillant. Chez le Scorpion, ce choix se fait souvent au second degré : il se sacrifie et renonce à sa réussite personnelle pour assurer celle de ses enfants.

On trouve également, dans son caractère, une contradiction envers ses propres parents. Les enfants de ce signe prennent parfois un réel plaisir à désobéir ou à obéir à contretemps. Ils trouvent là le seul moyen de se rendre indépendants. Il devient d'ailleurs inutile de les réprimander : ils accepteront la sanction,

Martin Luther.

qui leur permettra de recommencer et leur évitera de céder et de devoir renoncer ainsi à une partie de leur indépendance physique, corporelle.

Plus tard, devenu adulte, le Scorpion restera extrêmement sensible à toute autorité, à tout règlement : il s'attachera avec acharnement à la défense de ses droits individuels. Rebelle, il demeurera un individualiste indiscipliné par principe.

Les traits généraux du Scorpion

Nous venons d'ébaucher une premiere esquisse du psychisme des natifs du signe zodiacal du Scorpion. Nous allons maintenant tenter d'en tracer le portrait, dans ses grandes lignes.

Avant toute chose, on doit toujours se souvenir que si l'astrologie fournit des éléments pour déterminer le caractère d'une personne, ils ne donnent aucune indication quantitative. On pourra dire qu'un sujet sait utiliser son intelligence, mais jamais quel est le degré de cette intelligence.

Tout d'abord, le natif du Scorpion a tendance à donner un sens définitif à toute impression. Pour lui, les sympathies et les antipathies sont absolues et irrévocables.

Ensuite, il exerce sur les autres un pouvoir certain, une sorte de magnétisme physique fascinant. Son regard pénètre les êtres, découvre immédiatement leurs failles, et il en profite pour les dominer. Pendant ce temps, conscient des faiblesses de celui qui laisse voir le défaut de sa cuirasse, il masque avec une rare perfection ses points faibles et ne laisse aucune prise à son interlocuteur.

Il ne cherche pas à plaire, au sens strict du terme : il n'y tient pas. Il sait trop que la critique vaut plus que la louange; et s'il provoque parfois la première, il repousse toujours la seconde.

Le sentiment de l'amour-propre est chez lui assez fort. Il a une bonne opinion de sa valeur; il suit son propre chemin, librement choisi, sans tenir compte des difficultés, ni des observations qu'on pourrait lui faire.

L'agressivité constitue son arme principale; avant même de savoir si les autres l'acceptent ou le refusent, il se met en position de défense. On ne peut donc pas dire que le Scorpion fasse le moindre effort pour séduire !

L'érotisme

Cependant, ce personnage présente une face cachée, due elle aussi à la situation du signe sur le Zodiaque : c'est son côté érotique. La perception de la dissolution du corps physique des êtres vivants s'équilibre par l'intuition de leur remplacement nécessaire.

Le Scorpion se sent destiné à procréer. Il en fait presque un devoir de race, d'Etat.

Sitôt que l'agressivité et la colère se taisent en lui, il écoute parler l'amour et l'érotisme. Il ne suffit pas d'écarter et de détruire : il faut reproduire.

Le natif du signe présente, durant de longues années, une sensualité ardente, exigeante. Il vit constamment sous tension : la sexualité lui permet de s'en échapper. Il cherche alors à se dépasser; il se connaît bien lui-même : il lui faut donc mieux et davantage. Il va découvrir là des faits inconnus.

Cet instinct sexuel reste profondément créateur. Le Scorpion montre une conscience très nette de sa fonction génitale. Pour se libérer de lui-même, de cette personnalité excessive, donc encombrante, il a besoin de la sexualité, et aussi de l'acte reproducteur. Celui-ci représente pour lui un don extraordinaire :

créer d'autres êtres pour lesquels rien ne limitera sa force de sacrifice.

Dans ces élans sexuels, l'amour lui reste souvent étranger. Le Scorpion établit peu de rapport entre aimer et se reproduire. On considère parfois son désir de procréer comme un besoin de laisser trace de son passage sur la Terre.

Et il trouve fréquemment sa raison d'être dans l'intégration de l'érotisme à sa vie, qu'il s'en rende clairement compte ou non.

Le goût de la vie

Le Scorpion reste, de tous les êtres humains, celui qui sait le plus intensément jouir du goût de la vie, de la saveur de son état d'individu vivant, agissant, disposant de son corps, de ses sentiments, de son esprit. Selon les cas déterminés par d'autres circonstances, il saura en profiter au milieu de mille difficultés, ou bien dans un état de bonheur que les natifs des autres signes ignoreront toujours : un excès de joie de vivre.

Cette situation se vérifie lorsque le thème natal se trouve soutenu par des planètes en harmonie. Mais si au contraire, elles sont dissonantes, le Scorpion devient un inquiet, un tendu, un agité. Selon l'époque, il se classera parmi les révoltés, ou les blasés, dégoûtés de vivre, conscients de l'absurdité de leur destin, ou encore parmi les victimes de l'angoisse métaphysique existentielle.

Heureux ou non, le Scorpion vit la plupart du temps dans l'angoisse. C'est son état normal. Mais elle l'atteint plus particulièrement lorsque son thème présente des dissonances. Et même, si celles-ci se révèlent graves, le Scorpion, toujours anxieux de porter à la perfection son expérience individuelle, tombe parfois dans la tragédie de mauvais goût et entre dans la peau d'un acteur de fait divers, d'un criminel de bas étage. Le mal devient alors pour lui une sorte de refuge.

Sous l'influence des planètes de son ciel de naissance ou de son Ascendant, le Scorpion peut présenter ce qui, chez lui, serait considéré comme une anomalie : un caractère absolument égal et conformiste. Dans ce cas, il se montre méthodique, méticuleux, régulier et prompt à se plier aux règles, parfois même à l'excès. On assiste au renversement complet de sa personnalité : vu de l'extérieur, il ne peut s'attirer que des éloges mais, en réalité, il connaît un trouble psychique très curieux.

Certes, ces cas demeurent extrêmes et bien des éléments viennent les tempérer. Néanmoins, on retrouve toujours les principes de base du caractère chez les natifs du signe que l'on rencontre couramment.

Le portrait physique d'un Scorpion

Tous les natifs du Scorpion, si divers soient-ils, évoquent la même comparaison : on les associe mentalement au physique d'un animal, tout à la fois aigle et tigre.

On note généralement un nez assez accusé, souvent aquilin; le regard, dur comme l'acier, s'abrite sous les arcades sourcilières, les yeux, très pénétrants, rappellent parfois le regard hypnotiseur du serpent.

L'ensemble des traits du visage est mobile et tourmenté, les rides d'expression très souvent marquées.

La voix peut prendre diverses intonations, mais elle reste rauque, grave, venue des profondeurs de l'être. La poignée de main, franche, à la fois chaleureuse et enveloppante, ferme et vive, semble chercher à saisir, à dérober la main tendue.

Le natif du signe ne se montre pas particulièrement

Astrologues, *gravure du XVIII*[e] *siècle.*

robuste mais sait, néanmoins, se maintenir en bonne santé.

Ainsi construit, ainsi penché sur son mystère, tenté par ses désirs sexuels, désireux d'une liberté farouchement défendue et conservée, le Scorpion vit un destin particulier. Dans le prochain chapitre, nous étudierons ses grandes orientations.

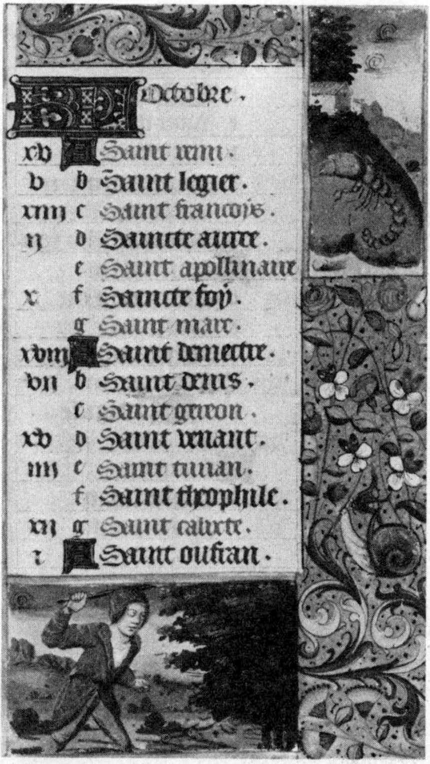

Octobre. Livre d'heures *du XVe siècle*.

Le Mois d'octobre, *par Lebrun, XVIIe siècle.*

Chapitre II

Le destin des natifs du Scorpion

« Je me suis rarement perdu de vue;
je me suis détesté, je me suis adoré –
puis nous avons vieilli ensemble. »
PAUL VALÉRY.

On pourrait penser que tous les natifs d'un même signe ont un destin comparable : ils se ressemblent, ils tendent à réagir de la même manière. Pourtant, de nombreux éléments interviennent en eux pour les personnaliser. D'autre part, on ne dira jamais assez que les signes du Zodiaque présentent des caractéristiques bien précises, mais que chacun, à partir de l'héritage qu'il a reçu à la naissance, construit sa vie comme il l'entend. Là encore, les différences s'affirment.

Le Scorpion reste probablement le type le plus original du Zodiaque. Extérieurement, il semble dur, intérieurement, c'est un tendre. Bien plus, il paraît détester les moyennes, le milieu, les demi-teintes.

Sa vie sociale se trouve remplie de faits imprévisibles dus aux états extrêmes dans lesquels il se complaît. On rencontre rarement un Scorpion raisonnable et mesuré. Et s'il devient ponctuel, il le fait avec excès.

Quelles sont ses possibilités et ses chances dans la lutte traditionnelle pour la vie, qui exige tant d'efforts et de constance ?

La santé du Scorpion

Bien que le natif du Scorpion se caractérise par un corps musclé et par le goût de l'action directe et de l'effort physique, il n'est pas par nature particulièrement robuste; s'il le devient à l'âge adulte, il le doit à sa volonté : il a consolidé sa santé en menant une existence saine et en général frugale.

En évitant les excès, en mettant son énergie au service d'une vie accomplie, il développe harmonieusement son corps.

Son aspect extérieur témoigne parfois de ce manque de vigueur physique : le Scorpion est souvent mince, voûté avant l'âge, avec des traits marqués et des joues creuses. Mais la volonté peut le conduire à modifier cette constitution.

Il ne témoigne pas d'une santé éclatante, rayonnante, exemplaire. Il connaît peu de journées exemptes de malaises. Trait caractéristique de telles destinées, ces accidents de santé font partie de ce que le célèbre docteur Besançon appelait les « maladies de relais ». Elles obligent celui qui en souffre à se faire examiner par un médecin, à se reposer, à veiller sur son régime, à cesser de se surmener. Aussi le natif du Scorpion ne doit-il pas redouter la mort subite, qui foudroye au contraire parfois ceux qui ont longtemps bénéficié d'une santé florissante.

Certains auteurs voient dans ce destin des Scorpions « une sorte d'autovaccination interne » (A. Barbault) : l'être aurait une disposition organique qui lui permettrait « la destruction des microbes avec utilisation de leurs sécrétions et déchets pour une nouvelle exaltation de la vie » (*Ibid*). En fait, les Scorpions que j'ai connus possédaient le don, ou l'inspiration, de se traiter préventivement selon le style : « Moi, au début de l'hiver, je fais une cure de ceci... »

De bonnes règles de vie pour qui se connaît bien équivalent à une bonne production d'anticorps !

Dans ce lointain passé où on accusait le Scorpion de tous les méfaits, on prétendait que les natifs de ce signe souffraient souvent de difformités. A l'encontre de cette opinion, ceux que j'ai connus, hommes et femmes, étaient beaux et bien faits. On pourrait cependant concevoir, raisonnablement, que le natif du Scorpion, craignant obscurément cette malformation, physique et visible, ou morale et cachée, se barricade derrière sa carapace symbolique, afin que nul ne puisse le découvrir dans sa réalité, qu'il n'aime pas. Cette réaction le rend parfois acide, grinçant, dur et étrangement difficile à contenter. L'attitude du Scorpion devient alors plus aisée à comprendre, à interpréter, sans que l'on doive pour cela en chercher l'explication ailleurs que dans les traits apportés par le signe.

Est-ce à dire que les archétypes nés d'une tradition complexe et non universelle se montrent assez puissants pour modeler une personnalité ? Oui, si on limite le Zodiaque aux mouvements du système planétaire; non, si les caractéristiques des natifs de chaque signe découlent de l'évolution cyclique des saisons et des phénomènes naturels qui en représentent la suite logique.

La saison où la graine doit s'enfouir et se décomposer, pour engendrer une plante nouvelle, est tout naturellement celle où viennent au monde des êtres discrets, prêts à se sacrifier pour leur descendance, peu enclins aux manifestations superficielles, mais, au contraire, pleins de réserve et de complexité.

L'intelligence d'un curieux

Le Scorpion fait généralement preuve d'intelligence; quel que soit son niveau, celle-ci se caractérise par une curiosité inlassable, qui pose des questions et, sans cesse, tente d'y apporter les meilleures réponses.

Partant, disent les psychanalystes, de la précoce recherche du mystère sexuel, le Scorpion s'interroge. Quand aucune énigme ne l'intrigue, il en imagine, pour le seul plaisir de les résoudre. Il éprouve de grandes joies à déchiffrer le tracé brouillé d'une piste étrange et inextricable.

Dans son esprit, les êtres et les choses existent à seule fin qu'il puisse les disséquer. Il a des dons d'expert et même de critique; dans ce second emploi, cependant, il risque de se montrer un peu caustique.

Polémiste passionné, il sait fort bien découvrir les défauts à souligner ou les arguments à mettre en valeur dans cette sorte de duel de la plume et de la parole. En général, quoi qu'on dise, quoi qu'on écrive, il a tendance à dire d'abord « non »; ensuite seulement, il consentira à examiner de plus près le problème posé. Et il aime créer les situations où il pourra adopter cette attitude.

Sa force d'esprit facilite-t-elle le cheminement à travers les embûches de sa carrière professionnelle ?

L'orientation professionnelle du Scorpion

Quand on songe à l'orientation professionnelle du Scorpion, il convient de se demander si l'on se trouve en présence d'un Scorpion classique ou d'un « Scorpion-Vierge ». En effet, dans certains cas, le Scorpion, inversant les traits marquants de sa personnalité, adopte une attitude comparable à celle du natif du signe de la Vierge. Dans ce cas, il se discipline volontairement, faisant taire en lui cette voix passionnée qui dit toujours « non » et provoque les difficultés pour pouvoir ensuite les combattre. Le Scorpion-Vierge accentue au maximum la propreté, la sobriété, la ponctualité, l'ordre. Il pousse ces qualités à leur point extrême, agissant en tout avec excès. Il est moral, consciencieux, respectable; il

Barbey d'Aurevilly, *par Ostrowski.*
Fin du XIXe siècle (musée Carnavalet).

choisit des règles et des principes de vie, un rég et un rythme hygiéniques. Il devient laborie obéissant au sens du devoir. S'il aborde un trava il l'organise jusque dans les moindres détails et n laisse rien au hasard. Dès lors, son inspiration s'étein et disparaît.

Ce curieux personnage s'appelle donc un Scorpion-Vierge.

Au moment de choisir une carrière, le Scorpion classique se transforme parfois en Scorpion-Vierge, s'il se sent pressé par la nécessité de refouler ses intuituions et ses caprices, ses révoltes et ses passions, pour gagner de l'argent, des honneurs ou un rang social.

Le Scorpion, capable de tous les excès, l'est aussi de celui-là...

Au moment de s'engager dans la vie professionnelle, il aura peut-être choisi un métier; dans ce cas, s'il se sent une réelle vocation, il bousculera tout pour parvenir à y trouver sa place et y réussir. Mais le Scorpion reste ambivalent. En l'absence d'un désir clairement exprimé, il aura le plus grand mal à fixer son choix. Dès lors il réagira en fonction du métier exercé par son père... mais pour le refuser absolument. Par esprit de contradiction, à cause de ce besoin impérieux de dire « non ».

Il ne faut jamais oublier un trait important de son caractère : l'agressivité. Elle ne demeure pas seulement négative; on peut l'exploiter, la canaliser et s'appuyer sur elle pour réussir. Quel métier la laissera donc s'exprimer au mieux ?

La carrière idéale du Scorpion doit lui permettre d'affronter objets, matières, événements et individus, et d'entreprendre ainsi une lutte. Ceci n'exclut pas le risque. Le natif du signe se sait résistant, endurant et obstiné, doué de doigté et de flair.

Dès lors, toutes les professions qui réclament ces qualités le satisferont.

Comment travaille un Scorpion ?

Pour le Scorpion, toute la question est de savoir s'il engagera son instinct créateur dans son métier. Il le fera certainement s'il estime que ce travail en vaut la peine; et alors, il se montrera capable de battre tous les records d'efficacité. Son agressivité, canalisée, s'appliquera à ce seul but et son activité deviendra assurée de succès.

Le Scorpion-Vierge fera un excellent coéquipier; précis, rigoureux, appliqué, suivant des principes immuables et qu'il tient à respecter, il apportera dans une équipe toutes ses qualités, qui sont nombreuses et peu communes.

Le Scorpion classique, lui, participera au travail collectif d'une façon un peu plus irrégulière et fantaisiste.

En général, le Scorpion sait très bien assumer ses responsabilités et on peut toujours lui confier des tâches délicates ou difficiles. En revanche, son caractère le rend peu souple. Tout d'abord, il déteste être dérangé dans son travail; or, dans une entreprise, le cas se produit souvent. Ensuite, il n'accepte pas la contrainte hiérarchique; il supporte mal les ordres, et pourtant, ils sont nécessaires. Aussi le Scorpion écoute-t-il ce qu'on lui dit, mais il fait mine de ne pas entendre, pour se donner l'illusion d'agir de lui-même.

Redoutable quand on l'a contrarié, gréviste et contestataire dans l'âme, il se montre cependant compétent et possède, sur le plan professionnel, une valeur certaine; aussi trouvera-t-il facilement un emploi.

Sa carrière apparaît toujours semée d'obstacles qu'il crée lui-même lorsqu'ils ne surviennent pas naturellement. Il rencontre de nombreux opposants, les complications s'abattent abondamment sur lui et, lorsque survient une discussion, il semble que le hasard prenne un malin plaisir à l'y mêler. Dans son travail, le Scorpion est un excellent élément, que l'on trouverait parfait s'il n'avait pas la particularité d'attirer les « histoires », comme le paratonnerre la foudre.

Le natif de ce signe rencontre donc là des barrières. Pour réussir plus facilement, il lui faut une époque de troubles, de faits divers, de révoltes, voire de révolution. Dans le calme, il ne sait pas faire sa route.

Peut-être pourrait-il se calmer ?

Pour pouvoir construire une belle carrière, le Scorpion doit suivre une vocation véritable et authentique, à moins qu'il ne parvienne à dominer sa nature. Mais est-ce possible ?

Il a de la volonté, de l'énergie, mais ne les applique pas volontiers à contraindre sa personnalité; d'avance, il dit « non » aux conseils qu'on voudrait lui donner.

Alors qu'il se livre à une lutte perpétuelle, qui le satisfait et qui donne à sa vie tout son piment, comment accepterait-il de se calmer, de « rentrer dans le rang » ?

En fait, il sait parfaitement montrer de la patience et demeurer, s'il le faut, immobile, dans l'expectative. Mais l'y forcer équivaudrait à tenter le diable; seuls un éclat, une manifestation violente peuvent le sortir de cette situation, qu'il n'aime sans doute pas.

Néanmoins, on doit l'inciter à tenter de faire « comme tout le monde ».

Si ses parents s'y attachent, dès la petite enfance, s'ils savent agir avec mesure et tact, sans abuser de leur autorité, le Scorpion adulte se souviendra peut-être de leurs leçons et il consentira alors à entreprendre en lui l'évolution nécessaire.

Une journée soigneusement programmée, afin de ne laisser aucune place à l'initiative, ni à l'imprévu; une résolution ferme de ne pas suivre son premier

L'art de se faire aimer de sa femme. Lithographie du XIXe siècle (musée Carnavalet).

mouvement; le désir sincère de rester calme et pourtant actif : ces principes devraient amener le Scorpion à une attitude plus normale dans le travail.

Le rôle de l'aigle symbolique

Le natif du Scorpion n'a pas pour seul symbole que l'étrange *arachnides*: l'aigle aussi lui appartient et tente de l'exprimer.

Il existe, dans la carrière d'un Scorpion, une chance de réussite influencée par le côté aquilin de sa psychologie.

Ce dernier se manifeste essentiellement quand il doit exercer un métier pour lequel il se sent une vocation. Celle-ci demeure pour lui essentielle car, tout en travaillant comme on le lui demande, il aura la joie de faire ce qui lui plaît.

Dans sa carrière, une femme Scorpion dispose d'un avantage supplémentaire. Quelle que soit son entreprise, elle sait exactement à quel moment elle doit solliciter un avancement et elle l'obtient pratiquement toujours; fine psychologue, elle construit ainsi sa réussite.

Tous les Scorpions, hommes et femmes, mettent dans leur travail une grande ardeur, comme s'il s'agissait d'un combat : ils « attaquent » littéralement leur tâche !

Il leur faut des postes compliqués, des travaux difficiles, des responsabilités. Là seulement, ils donnent leur pleine mesure.

Pourtant, le Scorpion le plus ambitieux, malgré tant de force et de talent, fera un éclat si quelque chose lui déplaît dans son emploi ou chez ses collègues. En lutte perpétuelle, il combat aussi pour améliorer son sort sur le plan professionnel. Son ardeur se voit souvent récompensée par des gains importants. Même s'il part de très bas, il se battra, encore et encore, et finira par gagner.

Le Scorpion n'attend des autres que du respect et de la considération. Tout le reste, il se sent en mesure de se le procurer lui-même, de le gagner. Il a voulu cette indépendance, et il la défend. C'est là le côté sympathique de cette perpétuelle agressivité dont fait preuve un bon, un vrai, un pur Scorpion.

Nous voyons ainsi comment les Scorpions des deux sexes peuvent organiser leur vie professionnelle. Mais ces observations concernent les Scorpions « purs », personnalités théoriques assez rares, qui bénéficient à leur naissance des seules influences du Scorpion et du Soleil. Or, chez la plupart des natifs du signe intervient la présence d'un autre signe en Ascendant.

Les Scorpions ne constituent qu'environ un douzième des êtres humains et parmi eux, on n'en compte encore qu'un douzième qui possède le Scorpion en Ascendant. Les types « purs » restent donc rares, surtout si l'on distingue encore les Scorpions-Scorpions des Scorpions-Vierges.

Mais qui sont donc les autres ? Ils viennent au monde sous le signe du Scorpion, mais avec l'Ascendant d'un autre signe. Celui-ci va modifier assez considérablement leur destin. Dès lors, on rencontrera de nombreux natifs du Scorpion qui ne présenteront pas toujours les caractéristiques que nous venons d'exposer.

Le rôle du signe ascendant est capital. Nous allons évoquer son importance dans le chapitre suivant.

Novembre. Les Très Riches Heures du duc de Berry,
XVe siècle (musée Condé, Chantilly).

Chapitre III

Les types mixtes du Scorpion

Ainsi que nous le disions en terminant le précédent chapitre, on ne compte en fait qu'un Scorpion sur douze qui soit « pur ». Les autres ne se reconnaissent pas au premier abord, car ils peuvent présenter des caractères appartenant à d'autres signes, s'ils disposent d'un ascendant particulièrement influent. Nous avons expliqué dans la première partie ce que l'on entendait par le terme « ascendant » en astrologie. Quelle est la nature de l'influence de l'ascendant ? En quoi diffère-t-elle de celle des autres planètes ?

Reprenons brièvement quelques explications d'ordre général.

La carte du Ciel

La carte du Ciel constitue le document de base de l'astrologue lorsqu'il commente le destin de son client. En quoi consiste-t-elle ?

Il s'agit de la représentation théorique de l'état du système planétaire, vu de la Terre, à un moment déterminé. Pour analyser les caractères d'un sujet et l'allure générale de sa destinée, on choisira par exemple le moment de sa naissance.

Il va de soi que si l'on avait toujours utilisé l'heure portée sur les cadrans solaires, il deviendrait simple de connaître l'heure réelle de la naissance. Mais l'existence des moyens de communications qui sillonnent de vastes étendues de notre globe a entraîné l'unification du système horaire pour l'établissement des programmes de transports. On a donc divisé l'équateur en vingt-quatre parties égales et, de là, tracé des lignes passant par les deux pôles; étant donné la forme de la surface de la Terre, ces sections adoptent l'allure de « fuseaux ». Tout le monde connaît l'existence des « fuseaux horaires », dont le point zéro se trouve à Greenwich. Ils servent à déterminer la position d'un point par rapport à ce méridien zéro, mais aussi à fixer l'heure dite officielle, et établie au terme de conventions entre États. Pour les cartes du Ciel utilisées en Astrologie, on possède des tableaux qui permettent de calculer l'heure vraie en fonction de l'heure officielle.

A partir de l'heure solaire, on peut préciser la position du Zodiaque par rapport à la Terre à cet instant. Le signe qui apparaît (théoriquement) sur la ligne d'horizon à l'orient s'appelle ascendant.

Un natif du Scorpion peut donc avoir pour ascendant un des douze signes du zodiaque. Nous disons bien douze, car un Scorpion naît parfois avec le Scorpion en ascendant : dans ce cas, il appartient au type le plus pur du signe; sinon, il possédera à la fois les caractéristiques du Scorpion et de l'ascendant. La présence très influente de l'ascendant explique l'existence des types mixtes de chaque signe. On connaît donc onze types mixtes de Scorpion, le douzième correspondant au type pur que nous avons longuement décrit dans le chapitre précédent.

Quand on considère les modifications que le signe ascendant apporte dans le caractère du sujet, on a tendance à supposer un mélange de traits caractériels de base; or cela ne se vérifie pas toujours. En fait, l'influence de l'ascendant reste extrêmement importante, mais elle ne se fait sentir que dans un domaine particulier de la personnalité du sujet.

Le signe solaire, c'est-à-dire le signe correspondant à la date de la naissance, détermine le terrain de base, organique, biologique, puissamment influencé par la saison, par la situation du Soleil sur l'écliptique. Les personnes nées au printemps ne présentent pas les mêmes caractères que celles qui viennent au monde au milieu de l'été. L'importance de cette base naturelle est si grande que le seul fait de connaître son signe de naissance agit directement sur le comportement instinctif : on se reconnaît.

La popularité de l'Astrologie devient telle que, dans tous les milieux, lorsque deux personnes se rencontrent pour la première fois et tentent de faire connaissance, elles se demandent souvent : « De quel signe êtes-vous ? » Expression elliptique qui contient une certaine curiosité, une grande confiance dans l'astrologie et en général une ignorance du signe ascendant. On suppose qu'il suffit de savoir « sous quel signe » est né quelqu'un pour connaître son caractère, alors que n'apparaissent ainsi que les grandes lignes de sa constitution biologique. Certes, celle-ci influe sur le comportement : un être fin, mince, agile, n'aura pas le même comportement qu'une personne lourde, massive et lente. Mais ce n'est pas tout.

Le signe ascendant se manifeste également : son terrain reste moins vaste, moins général, mais ses effets se montrent énergiques. Son rôle se construit au fil des années, parce qu'il est dynamique, alors que le rôle du signe solaire demeure statique. Et le sujet subira son influence au cours de la formation de sa personnalité, par les acquisitions, les expériences.

Cette différence a des conséquences assez étonnantes, bien que parfaitement logiques et compréhensibles. Les manuels qui donnent les portraits des différents signes ont tendance à établir, par exemple, une comparaison entre un natif du Bélier ayant le Scorpion en Ascendant et un natif du Scorpion ayant le Bélier en Ascendant. Ce rapprochement apparaît inexact car, si les divergences sont minimes, elles n'en existent pas moins, en raison des différences de rôle de l'un et l'autre signe.

Cette nuance, certes subtile, reste cependant

parfaitement logique et normale. Nous allons tenter d'en tenir compte pour tracer un portrait approximatif des types mixtes du Scorpion. Tous sont nés à la même période : ils possèdent donc des traits communs, venus précisément de cette époque particulière de l'année solaire. Connaissant le caractère général des natifs de chaque signe, un couple pourra désirer mettre son enfant au monde à un moment déterminé de l'année. Il serait cependant erroné de croire que l'essentiel réside dans la date de naissance. Avec l'aide des forces émanées du signe ascendant, et aussi grâce aux effets des planètes se trouvant dans des situations semblables, le sujet, au cours de son existence, évoluera : d'une part, il subira l'influence de son ascendant, d'autre part, il vivra selon son libre-arbitre. A l'âge adulte, les indications générales données sur le caractère des natifs de chaque signe auront subi des transformations.

Seuls subsisteront des traits fondamentaux. Entreprenons maintenant la description des types mixtes du Scorpion, c'est-à-dire des natifs de ce signe qui ont chacun un des onze autres signes pour ascendant. Nous commencerons, selon l'usage, par le premier signe du Zodiaque : le Bélier.

Scorpion ascendant Bélier

Nous savons que le Bélier dispose d'un merveilleux dynamisme correspondant à l'élan de la nature qui, à cette époque, entre le 21 mars et le 20 avril, accomplit un puissant effort vers son renouveau. On dit alors que la sève monte.

Le Bélier a pour planète dominante Mars, qui provoque des réactions non seulement dynamiques, mais plus encore, agressives. Le Bélier se montre combatif; il se précipite tête baissée sur le but qu'il veut atteindre et s'élance sans étudier les conséquences

Le Corps et les planètes.
*Gravure de 1533 pour l'*Anatomie *de Charles Estienne.*

éventuelles de ses décisions.

Cette agressivité existe aussi chez les Scorpion mais elle se manifeste d'une manière différente. Le natif du Bélier est un dynamique joyeux; le natif du Scorpion est un dynamique furieux.

En fait, la présence de l'ascendant Bélier peut apporter à la personnalité assez révoltée, assez sombre du Scorpion, un allègement de ses rancœurs; le sujet pensera moins à la vengeance, tendance où l'entraîne naturellement son signe solaire. Le Bélier a en effet une psychologie « primaire », il ne garde pas souvenir des événements passés; il désire les oublier, sans imaginer d'en demander éventuellement réparation.

La lutte, évidemment, reste son élément naturel; mais elle n'entraîne jamais la haine longue et prolongée; elle intervient parce que le sujet la juge indispensable, et non parce qu'il veut assouvir son ressentiment.

L'ascendant Bélier va supprimer, chez le Scorpion, les complications obscures et tortueuses qui le caractérisent. Un Bélier ne va pas aussi loin : il vit, il désire, il agit, il obtient ou il n'obtient pas, mais il s'obstine rarement. Le Scorpion, lui, veut d'abord, puis il s'accroche, il insiste et va au bout de sa tendance. Le type mixte présentera la volonté innée du Scorpion, sans la nuance dramatique du signe; il apparaîtra plus direct, plus vif, mais moins tenace. Il n'obtiendra peut-être pas de résultats aussi solides qu'un Scorpion pur, mais il restera sympathique à tout son entourage.

Scorpion ascendant Taureau

Que savons-nous du Taureau ? En premier lieu, qu'il s'oppose géométriquement au Scorpion sur le cercle zodiacal. Il est celui qui prend, qui assimile, qui capte et qui absorbe. Le Scorpion présente les tendances instinctives fondamentales inverses. Les différences sont trop grandes pour ne pas créer un malaise intérieur chez le natif du signe du Scorpion qui a le Taureau en Ascendant. Il se montre tiraillé. Son instinct et sa nature profonde lui conseillent de se poser d'abord en adversaire, en ennemi, pour organiser son combat; son caractère, sous l'influence du signe ascendant, le pousse à désirer le confort matériel, car cet être, sensuel avant tout, apprécie la beauté, et montre souvent des dons artistiques.

Il n'a rien de sombre, de complexe, encore moins de psychiquement torturé; au contraire, cet enfant du joli mois de mai apprécie tout ce que la terre nous propose d'aimable, de beau, de plaisant et de bon.

Le signe du Taureau symbolise le goût des bonnes choses. En amour, il pourra, dans ce domaine, influencer le natif du Scorpion. En effet, pour celui-ci, l'amour reste un sacrifice. Chez lui, ce sentiment tend à la procréation et, pour protéger ses enfants, il ne reculera devant aucun renoncement. Pour le Taureau, l'amour fait partie de la gamme infinie des plaisirs que nous propose une nature aimable, une saison agréable, une santé équilibrée. Les enfants représentent une autre joie, jamais un but. L'amour n'a pas besoin de justification.

Le natif du Scorpion qui a le Taureau en Ascendant subira spontanément des instincts de destruction, remettant constamment en cause les réalités; d'autre part, il ne recherchera pas l'acquisition des biens représentant le confort et l'agrément de la vie quotidienne. Mais, sous l'influence du Taureau, il agira dans un sens différent de celui que lui dicte son instinct. Qu'il le veuille ou non, il appréciera l'esthétique, et les talents artistiques, que son signe solaire n'indique pas, lui viendront de son ascendant : ce Scorpion désirera trouver la beauté. Il n'y parviendra qu'au prix de terribles combats; mais il aime par nature la lutte, et il l'accepte si elle doit le conduire à des réalisations qu'il espère et qu'il attend avec confiance.

Scorpion ascendant Gémeaux

On trouverait difficilement un signe zodiacal qui ait moins de traits communs avec le Scorpion. Comment un natif du Scorpion qui a les Gémeaux en Ascendant organisera-t-il sa vie ?

Examinons d'abord ce qui caractérise les Gémeaux, ce qui fait le fond de leur nature, la question trouvera alors sa solution.

Les Gémeaux, dans le Zodiaque, représentent le résultat de l'influence de Mercure. On observe chez les natifs de ce signe une grande mobilité, tant physique qu'intellectuelle et affective. Un Gémeaux voit tout, sait tout, ou du moins en donne l'impression. Il montre un esprit rapide et alerte, quelles que soient, d'ailleurs, l'étendue et la profondeur de ses capacités. Son style de vie se trouve fondé sur la cérébralité.

D'un naturel extrêmement mobile, vif comme l'air, il n'accomplit pas volontiers un effort prolongé en vue d'un résultat important, mais lointain. Il choisit toujours, lorsque deux possibilités se présentent, la plus rapide et la plus immédiatement efficace, même si son action doit se révéler provisoire.

Mobile, rapide, souple, aisé, le Gémeaux est radicalement différent du Scorpion.

Émotif, mais non sentimental, pour lui l'amour reste essentiellement un acte cérébral. Inutile, par conséquent, de chercher chez lui un psychisme aussi sensible que chez le natif du Scorpion.

Contrairement à sa structure affective prête au sacrifice, le Scorpion né avec l'ascendant Gémeaux accordera fréquemment moins de profondeur à ce sens du dévouement et de l'abnégation qui le marque habituellement; il mettra dans ses sentiments plus de cérébralité et moins de drame. Son agressivité se trouvera nuancée et se traduira probablement plus en paroles qu'en actes.

Ce Scorpion ne résoudra pas ses drames intérieurs

dans le silence de la solitude; il tentera d'en parler. Moins agressif que le type pur, il deviendra assez conciliant, pourvu qu'on lui laisse une certaine liberté. Il n'a rien de farouche dans le comportement et s'il reste vindicatif, il manifestera sa combativité plus par des piques verbales que par des réactions violentes.

Ce type de Scorpion abandonnera l'immobilité étrange et presque minérale du type pur; vif et animé, il se montrera infiniment sociable, sans toutefois se lier profondément; son esprit cherchera à connaître les problèmes de sa destinée, mais il acceptera les témoignages de symphatie qui lui apporteront une aide précieuse.

En somme, un Scorpion plus ouvert, plus bavard et d'un caractère plus aimable.

Scorpion ascendant Cancer

Contrairement à ce que l'on pourrait croire, il n'existe qu'un seul point commun entre le Cancer et le Scorpion : il font partie tous deux des signes d'Eau. Mais si l'eau du Cancer est la source de la vie, l'eau du Scorpion est un marais trouble.

La psychologie du Cancer se fonde sur le fait qu'il se trouve sous l'influence de la Lune. Elle enregistre aussi que le Cancer apparaît en période de germination végétale, tandis que le Scorpion dépend d'une saison de mort et de destruction. La réunion des traits de l'un et de l'autre ne peut donc donner un ensemble très homogène.

En fait, sur les tendances de base du natif du Scorpion, instinctivement agressives, le caractère du Cancer posera un élément modérateur, apportera le sens du rêve, de l'illusion; sur l'amour de ses enfants, qui conduit souvent le Scorpion au sacrifice, l'ascendant Cancer placera l'affection pour les parents, l'attachement au foyer natal, au pays d'origine.

Le Cancer a tendance à rêver sa vie : il se montre extrêmement sensible, imaginatif, doux et sédentaire. Regrettant toujours l'abri du sein maternel, il aime se faire dorloter; il est simple, calme, volontiers familier.

Le natif du Scorpion qui a un ascendant Cancer sera tenté, par l'instinct, de réagir aux circonstances contraires en manifestant son agressivité; il souhaiterait attaquer littéralement les tâches qui lui incombent. Ses pensées restent, par nature, secrètes, intenses, complexes et tortueuses; et pourtant, il désirera abandonner cette attitude et, dès qu'il le pourra, il se montrera doux, très conciliant, parfois même, dans une certaine mesure, craintif.

L'ascendant ne diminue pas les facultés créatrices et procréatrices du sujet, mais il en modifie le caractère. Le Scorpion ne donnera plus à ses enfants sa propre vie, mais toute la richesse d'une sensibilité infinie, toute la tendresse et la douceur d'un cœur généreux.

Il y a peu de dynamisme chez le Cancer.

La personnalité du Scorpion avec ascendant Cancer peut se résumer ainsi : du charme avec un certain mystère, né de la lenteur des mouvements et d'une prédilection pour la nuit; un psychisme qui ne laisse que deviner ses nuances et ses détours et que l'on découvre peu à peu, par une fréquentation affectueuse et longue du sujet; une grande capacité d'inspiration créatrice, si elle trouve une voie où s'exercer; et à côté de cet ensemble doux et particulièrement nuancé, une étonnante rigidité de principes, et la possibilité de terribles vengeances si on portait atteinte à sa liberté.

Scorpion ascendant Lion

Le Lion appartient aux signes de Feu, le Scorpion aux signes d'Eau : ils représentent entre eux une

---

Pablo Picasso.

certaine incompatibilité. Mais le Lion apparaît dans la période culminante du Zodiaque : il semble fort possible que ce soit le Feu qui évapore l'Eau et non l'Eau qui éteigne le Feu.

Le natif du Lion est un fort, un triomphant, un être de certitude, d'autorité, d'éclat et de puissance. Actif, émotif, donc passionné, il ne supporte pas de perdre.

Très éloigné du Scorpion, sa présence en Ascendant chez un natif de ce signe modifie certainement beaucoup le comportement.

Chez le Scorpion, la note dominante vient du caractère funèbre de la saison où naît le sujet. L'ascendant Lion éclaire cette ombre; il ramène la chaleur du Soleil là où on déplore sa disparition. Et cette influence donne souvent un être assez extraordinaire.

Tout en restant enveloppé d'un certain mystère, le Scorpion, inspiré par son ascendant, s'extériorisera plus souvent et fera preuve de talents exceptionnels. Étrange, parfois irascible, il connaîtra pourtant des moments de générosité qui resteront inégalables.

Le côté étrange et parfois un peu tortueux de son caractère disparaîtra progressivement au cours de la formation du sujet : poussé par l'énergie solaire émanant de l'Ascendant, il acquerra une plus grande rectitude, une agressivité plus franchement dirigée vers des buts valables, tout en gardant son aversion pour l'autorité.

La puissance rayonnante du Lion se superpose, dans ce type, à la force sombre et fixe du Scorpion; le résultat donne une personnalité invincible parfois, toujours douée d'une grande énergie, d'une créativité et d'une capacité de travail immenses. Ce type de Scorpion possède un maximum de chances de réussite.

Il arrive cependant parfois que tout ce dynamisme, uni à l'esprit combatif soutenu par la planète Mars, use assez rapidement le personnage; son manque de mesure peut lui devenir très nuisible. En revanche, s'il sait s'organiser, bien gérer la somme d'énergie et de puissance dont il dispose, il se prépare une longue vie, riche en découvertes et en succès, au cours de laquelle il se conduira en monstre sacré, ou en grand chef de clan.

Scorpion ascendant Vierge

Nous savons que le signe de la Vierge donne à ses natifs une grande retenue et les aide à lutter en permanence contre leurs instincts. Tout l'ensemble de leur caractère concourt à opprimer les pulsions naturelles, faire taire les élans de spontanéité, refuser tout ce qui semble avoir un rapport quelconque avec l'animalité.

D'autre part, les natifs de ce signe se révèlent perfectionnistes.

La combinaison de ces deux grandes tendances donne une personnalité « moyenne », c'est-à-dire ne manifestant aucune particularité marquée. La vie se voit nivelée, les aventures disparaissent, il n'y a plus d'audace, de démonstrations énergiques, ni de coups d'éclat. Un caractère, en somme, de bonne compagnie.

Le Scorpion possède avec la Vierge un point commun : le complexe anal. Mais tandis que le Scorpion voit dans cette fonction un prétexte à se libérer quand il le désire, sans tenir compte des exhortations de sa mère dans son enfance, la Vierge se contrôle parfois trop et refuse instinctivement ce qu'elle considère comme une activité par trop animale.

Quelle sera l'influence de l'ascendant Vierge sur le comportement du Scorpion ?

Le natif de ce signe, nous l'avons dit, se trouve dominé par le complexe anal, comme la Vierge. On constate pourtant des résultats très différents. Le Scorpion se montre par nature résolument individualiste et indépendant, et surtout agressif, en raison de l'influence de Mars.

Le Scorpion avec ascendant Vierge s'orientera, au cours de la formation de son caractère, vers une attitude plus réservée que celle que lui suggère son instinct; il s'efforcera de discipliner son agressivité et de canaliser son esprit de révolte, pour utiliser alors cette énergie dans un sens plus conformiste.

Avec l'ascendant Vierge, l'influence de Saturne, qui constitue toujours un frein ou une inhibition, s'oppose à celle de Mars, innée chez le Scorpion, et contribue à régulariser les réactions du sujet.

S'il montre toujours un très profond sentiment paternel, le besoin de se prolonger dans un enfant, il interprète désormais le notion de sacrifice d'une façon plus traditionnelle, se limitant au dévouement, sans engager la vie même.

La Vierge n'est que frein et contrôle, mesure et retenue; elle joue ici ce rôle ouvertement, transformant littéralement l'étrange Scorpion en un personnage rangé, fort, calme, un peu sévère, mais tranquille et ennemi de tout éclat.

Scorpion ascendant Balance

De tous les signes du Zodiaque, la Balance reste l'un des plus différents du Scorpion. En effet, la base du caractère des natifs du signe est le désir de plaire. Gouvernés par Vénus, ils semblent n'avoir d'autre but que de rendre des services, se montrer aimables, s'efforcer de mettre chacun en valeur.

Si on observe le comportement du natif du signe du Scorpion, on voit quel énorme fossé le sépare de la Balance. Comment cet ascendant pourra-t-il modifier le comportement du sujet qui nous intéresse ici ? La Balance donne des êtres très sociables, particulièrement enclins à poser leur regard sur les autres, même dans un monde cruel, dominé par l'arrivisme.

Extravertis, ils ne pourraient supporter de vivre dans la solitude, ou dans un milieu hostile. Ils ne se trouvent d'ailleurs jamais dans une telle situation, car ils savent d'instinct le geste, le mot qui vont conquérir les autres.

Enfin, ils présentent une volonté assez faible, à l'inverse du Scorpion.

Ces contradictions peuvent-elles permettre une influence suffisamment harmonieuse de l'ascendant ?

Les modifications apportées par l'ascendant Balance au Scorpion sont très caractéristiques de ce signe. Sans doute le sujet restera-t-il dans une tonalité sombre, qui n'existe jamais chez la Balance. Mais le Scorpion se montrera alors en même temps passionné et inquiet. Les quelques mouvements d'hésitation que l'on observe parfois chez le natif de la Balance se trouvent ici amplifiés; le Scorpion les subit, mais il va les vivre à sa façon, dans son style, celui de l'inquiétude. Il ne prendra ses décisions qu'après de douloureux débats intérieurs.

Alors que la Balancc ne se préoccupe jamais de vengeance, cette attitude ne se vérifie pas ici; le Scorpion demeure beaucoup plus provocant : l'esprit critique que lui apporte la Balance lui attire parfois des inimitiés; il va dès lors les grossir et souhaiter se venger rapidement, et durement.

Le Scorpion gardera son langage, sans adopter celui de la Balance. Mais celle-ci pourra peut-être atténuer les crises coléreuses de cet être qui se froisse facilement.

Si l'ascendant apporte certains éléments de sérénité, ils demeurent superficiels et masquent seulement des abîmes d'angoisse.

Le Scorpion reste complexe et sombre, même avec l'ascendant Balance.

Scorpion ascendant Capricorne

Lorsque le Scorpion vient au monde avec le Capricorne en Ascendant, il va utiliser dans un sens tout particulier les éléments que lui confère son signe solaire.

Le Capricorne est un signe d'hiver, de froid, de privations et de sobriété. Il apporte, entre autres, une grande fermeté et une solidité qui rendent le natif du signe sévère, strict, froid, et même parfois incompréhensible. Ce silencieux se livre difficilement et, s'il se montre capable d'un grand amour, il ne donne pas beaucoup d'importance à la tendresse ni à l'affection.

Sous ces influences, que deviennent la combativité, l'agressivité, le désir d'indépendance du Scorpion ?

Son extrême concentration permet au caractère capricornien de développer une grande énergie. Elle va se reporter sur le Scorpion-Capricorne; au lieu de se disperser d'une façon désordonnée et irascible, le sujet tentera de centrer tous ses efforts sur un but unique, qu'il devra choisir avec bon sens, pour que la lutte devienne efficace.

Placé devant un choix, le sujet se tournera vers la voie la plus dure, si elle semble en même temps la plus stricte, la plus sobre et la plus utlile.

Sur le plan sentimental, et dans son affectivité en général, des problèmes se poseront certainement, en raison de la relative dualité de son caractère.

Quand, chez le Scorpion, l'agressivité se tait, l'amour pourrait prendre la parole. Mais sa destinée sentimentale se développe en fonction de son extrême sensualité. Il aura des attachements puissants, uniquement fondés sur les sensations érotiques. On trouve peu, dans sa vie, de tendresse ou d'aventures poétiques.

Le Capricorne ne présente pas davantage de démonstrations affectives : il reste sobre de mouvements, d'expression, de mots. S'il aime, il le montrera parfois, mais jamais ne le dira.

André Malraux en 1936.

L'influence de l'ascendant Capricorne sur le natif du Scorpion ne semble donc guère positive sur le plan affectif. Cet éternel révolté accorde peu de temps à l'amour et, ces rares instants, il les consacre aux rapports sexuels, estimant que le seul fait d'en parler constitue une irrémédiable perte de temps, de paroles, d'énergie...

Un Scorpion-Capricorne se prépare une existence complexe s'il reste dans l'ignorance des influences astrales; s'il apprend à les connaître, il peut alors lutter et se tailler une place dans le domaine affectif, car il possède une personnalité de valeur.

Scorpion ascendant Sagittaire

Pour tenter de définir la nature psychologique du Sagittaire, nous dirons qu'elle se résume en un mot : rebelle. Le natif du signe, en effet, même dans les cas où il reste conformiste, ne se satisfait jamais des choses telles qu'elles sont : il cherche toujours mieux et, surtout, il aspire sans cesse à un horizon plus étendu. Il manifeste en général une activité débordante; très individualiste, il a besoin d'éprouver toutes ses capacités, d'explorer toutes ses possibilités.

Lorsque ce signe zodiacal se trouve en Ascendant dans le ciel de naissance d'un Scorpion, il apporte une nuance assez marquée dans le déroulement de l'existence du sujet.

Par nature, le Scorpion se sent pénétré du sentiment de son indépendance; très tôt, il se montre individualiste et même agressif.

L'ascendant Sagittaire va marquer davantange cette attitude, sans qu'elle atteigne cependant à l'égoïsme : car si jamais le Scorpion y avait tendance, l'ascendant s'y opposerait, car le Sagittaire désire s'intégrer à l'univers : tout l'intéresse, tout l'attire et lui paraît digne de son activité.

Le mois de novembre. Calendrier des bergers, *XVe siècle*.

Cette ouverture d'esprit précipitera le sujet dans une existence agitée; il se donnera bien du mal pour conquérir une indépendance personnelle à laquelle il tient comme à un principe essentiel; fondamentalement indiscipliné, il devra parvenir – et ce n'est jamais facile – à concilier cette tendance avec la nécessité, propre à chacun d'entre nous, de gagner son pain quotidien. Mais tout semble possible à celui qui unit une forte volonté à un dynamisme naturel et à une agressivité toute particulière. Il suffira de diriger la combativité contre les obstacles à l'indépendance, et de consacrer l'énergie à conquérir et mériter cette liberté tant souhaitée; dès lors, la destinée se dessinera telle qu'on la souhaite.

Le Scorpion-Sagittaire rencontrera probablement de grandes passions qui atteindront des sommets tragiques.

Il connaîtra peut-être des épreuves psychiques et affectives très pénibles, mais elles revêtiront une valeur initiatique; après les avoir surmontées, le sujet retrouvera sans doute une vie sereine, où il jouira des biens tant attendus pour lesquels il a mené tant de combats : son indépendance personnelle et la possibilité de construire son propre bohneur.

Scorpion ascendant Verseau

Le signe du Verseau, l'avant-dernier du Zodiaque, tend vers une dissolution de l'être dans l'infini universel. Le natif de ce signe ne retient rien, il offre tout. Il ressent fortement, profondément, la présence des autres hommes, leurs besoins, leurs carences. Pour rétablir un équilibre nécessaire, il souhaite donner. Dans son esprit, la possession équivaut à l'esclavage. Donner constitue donc un pas vers la libération de l'individu.

Le Verseau est idéaliste et humain.

Le Scorpion, agressif, indépendant, individualiste, ne subira pas sans quelques troubles psychiques l'influence de l'ascendant Verseau.

Non pas que le pur Scorpion manque de générosité; mais il aime aussi posséder et il lutte souvent pour acquérir ou conserver ses biens. Troublé par son ascendant, il hésitera entre ces deux désirs qu'il ressent ardemment : offrir ou garder.

On conçoit qu'une telle différence entre le signe solaire et le signe ascendant puisse créer une personnalité étrange et souvent inquiète. C'est exactement ce qui se produit ici.

Le Scorpion, sous cette influence, devient plus souple, moins agressif, et songe parfois aux grandes causes humanitaires. Son goût de l'indépendance revêt alors la valeur d'un idéal et son esprit de révolte atteint à la dimension du genre humain. Ces transformations, probables, ne se réalisent cependant pas toujours. Le Scorpion-Verseau n'en demeure pas moins écartelé entre ses tendances individualistes et la pression qu'exerce sur lui son ascendant Verseau. Il n'a jamais l'esprit serein et se sent un peu coupable des souffrances que vivent certains pays, certains peuples. Parfois incapable d'exprimer ce sentiment, il traduira alors la gêne qu'il éprouve dans une attitude équivoque; mais s'il y parvient, il pourra alors, en utilisant les moyens d'expression mis à sa disposition, créer des œuvres remarquables, où il fera prendre conscience aux hommes de leurs défaillances et de leur responsabilité.

Le Scorpion-Verseau devient alors éloquent, persuasif, et sait convaincre ceux qui l'entendent.

Scorpion ascendant Poissons

Avec l'ascendant Poissons, le Scorpion se sent écartelé, divisé, car les apports de ce signe, le dernier du

Zodiaque, se trouvent extrêmement éloignés des bases qu'il reçoit à sa naissance. Quel résultat va donner la combinaison de ces éléments disparates ?

Le Scorpion avec ascendant Poissons devra modifier radicalement sa perception personnelle du monde et de la vie, car il doit créer en lui une harmonie que les astres lui refusent. Il éprouvera des difficultés à ramener les données de l'ascendant Poissons aux dimensions individuelles de son signe solaire. Il pourra choisir, au contraire, d'élargir les éléments apportés par le Scorpion pour les porter à la hauteur de ceux du signe ascendant..

On ne choisit pas les apports du signe solaire; mais on modifie toujours sa vie grâce à ceux du signe ascendant. Le Scorpion-Poissons devra donc accepter les effets de ses tendances et, si elles se montrent opposées à sa nature, il laissera sa personnalité émettre quelques protestations, mais n'hésitera pas à suivre la direction indiquée par l'ascendant..

Cette influence donnera probablement un résultat plein d'intérêt. Le sujet trouvera peut-être l'occasion de s'exprimer et de se manifester par l'écriture philosophique; ou bien, par l'intermédiaire d'un mandat politique, il utilisera son agressivité dans le sens dicté par l'ascendant Poissons, en créant des mouvements, en suscitant et en animant des actions sociales dans des domaines variés.

S'il se limite à l'ambiance de la vie privée et d'une carrière simple, le Scorpion-Poissons trouvera dans l'influence de son ascendant des joies vastes et délicates qui compenseront les fureurs du militant auxquelles le poussent ses qualités innées de Scorpion.

Une psychologie complexe, mais riche et prometteuse, une sensibilité qui saura s'allier à la combativité habituelle de ce signe, une inspiration qui se traduira moins volontiers par des paroles, l'organisation d'une existence agréable et harmonieuse, si l'action publique ne le tente pas : le Scorpion-Poissons rendra ainsi homogène ce qui, au départ, semblait disparate. Dans cette voie, il trouvera son unité intérieure et évitera les déchirements, trop souvent cause de troubles du comportement.

La déesse égyptienne Selkit : elle est représentée comme un scorpion à tête de femme. Bronze de la Basse Époque (musée du Louvre).

Page suivante : Traité d'astrologie, *de Mohammed ibn Hasan el-Saoudi. Manuscrit turc, 1582.*

تقسیم درجات برج عقرب

Troisième partie

La Mélancolie, *d'Albrecht Dürer. Gravure sur cuivre, 1514.*

Chapitre I

Le Scorpion face aux autres signes

Une étude du caractère des natifs d'un signe du Zodiaque resterait incomplète si on ne se préoccupait pas de l'attitude des natifs d'un signe envers ceux de chacun des autres signes. On devrait aller plus loin et, pour chaque ascendant, pour chaque influence planétaire forte, marquante, préciser les nuances qui s'inscrivent dans les réactions des natifs, dans tel cas précis vis-à-vis des autres; on obtiendrait ainsi une sorte de dictionnaire encyclopédique, probablement très utile dans la vie sociale.

Nous allons donc étudier le comportement d'un natif du Scorpion, qu'il soit homme ou femme, en face d'un natif, homme ou femme, de chacun des autres signes. Ces rapports se situent sur le plan social, au cours d'une rencontre, ou dans le travail; par la suite, nous considérerons les rapports sur le plan sentimental.

Rappelons schématiquement les grandes lignes du caractère du natif du Scorpion : un être compliqué, masquant ses problèmes et ses complexes derrière un aspect extérieur sobre, dur, parfois systématiquement discret, possédant une psychologie secondaire, une très bonne mémoire et le sens de la vie, de son cycle naturel, de son renouvellement. Triste ? Plus en apparence qu'en profondeur. Difficile à satisfaire ? Certainement, et avec des élans de dynamisme et de joie très extériorisés... Peut-être superficiellement, pour ne pas laisser deviner les problèmes psychiques.

Quand un Scorpion rencontre un Bélier, il se sent en communication directe avec lui; en effet, l'un et l'autre se trouvent sous l'influence de la planète Mars.

Ces violents vont, dans notre société en principe policée, se contenir, sans ignorer que leur interlocuteur en fait autant. Généralement, ils éviteront l'incident, même en cas de désaccord; en certains cas cependant, il ne faudra pas s'étonner que l'agressivité qui les caractérise tous deux provoque une étincelle d'une rare puissance; si, par exemple, ils se heurtent en voiture parce que la fatigue les a rendus maladroits, ils se montrent alors incapables de se contrôler; ils tiennent tous deux passionnément à leur véhicule : Mars, le fer, la mécanique ! Souvent, une explication immédiate libérera des colères rentrées depuis longtemps !

Si le Scorpion rencontre un Taureau, ils sembleront en général tous les deux ravis de se connaître; mais passé ce premier mouvement, l'esprit pointilleux et contrariant du Scorpion risque d'étonner le Taureau. Ils ont peu de terrains d'entente et la violence contenue du Scorpion peut réveiller celle du Taureau, chez lequel elle n'est pas essentielle, mais qui naîtra peut-être des différences qui opposent les deux interlocuteurs : sur le cercle du Zodiaque, le Scorpion fait face au Taureau et constitue son image inversée.

Devant un Gémeaux, la courtoisie assez stricte du Scorpion ne s'adaptera pas immédiatement à la rapidité de répartie de son interlocuteur, en revanche, il accordera une grande attention à ce feu d'artifice.

Un Cancer se trouvera tout de suite d'accord avec le Scorpion; leur double appartenance aux signes d'Eau créera une harmonie profonde.

Le Lion peut se heurter au Scorpion, mais son dynamisme, sa sûreté, son esprit conciliant arrangeront bientôt les choses.

La Vierge aura un peu plus de difficultés. Devant la dureté que laisse parfois paraître un Scorpion, elle se repliera sur elle-même et le Scorpion devra faire appel à toute sa courtoisie pour gagner à nouveau sa confiance.

Avec la Balance, le Scorpion verra parfois son

autorité innée mise en échec par d'adroites et souriantes esquives.

Si deux Scorpions se rencontrent, on observe souvent de la froideur, une certaine méfiance, ou, si les événements les y entraînent, des étincelles lorsqu'ils croiseront le fer.

Avec un Sagittaire, le Scorpion aura des échanges distants, mais probablement agréables.

Il n'en serait peut-être pas de même avec un Capricorne, qui ne se livre pas volontiers : une cuirasse contre une coquille...

Le Verseau sera un interlocuteur charmant, mais un peu hermétique pour le Scorpion, qui en restera intrigué.

Un Poisson cédera le pas au Scorpion : deux signes d'Eau s'entendent toujours, mais le Scorpion aura souvent l'impression de dominer son partenaire; celui-ci, parfois lassé, s'enfuira, psychiquement parlant, avant même que le Scorpion s'en soit rendu compte.

Dans la vie quotidienne, on constate ces observations essentiellement sur le plan affectif, et plus précisément sentimental. C'est donc sous l'angle des relations humaines, notamment entre personnes de sexe opposé, que nous allons étudier le comportement des natifs du Scorpion face aux natifs de chacun des autres signes. Les femmes réagissent-elles aux influences astrales comme les hommes ? La question reste posée. Jusqu'à présent nous ne l'avons pas résolue, mais, comme bien des auteurs, nous avons tenu à observer le comportement des natifs et des natives du Scorpion devant des hommes et des femmes nés sous d'autres signes du Zodiaque.

Le Scorpion et la sexualité

On note que la Maison V des natifs du Scorpion se trouve habitée par le signe des Poissons.

Qu'est donc la Maison V ?

Elle correspond au monde des plaisirs, de l'art, de l'amour, des jeux, des spectacles, de la procréation et des enfants. La présence des Poissons permet de tirer quelques conclusions.

Sous une apparence calme, qui reste extérieure, les sentiments du sujet sont généralement ardents, profonds. Il éprouve des élans de sympathie et d'antipathie volontaires, parfois inspirés même par l'instinct. Il sait les exprimer et a toujours le courage de ses opinions.

Le signe des Poissons, s'il se trouve très chargé en affectivité, entraîne cependant, hélas, une nette prédominance de l'influence de la planète Neptune, qui le gouverne; ses effets provoquent parfois des illusions, des erreurs qui, lorsque la réalité apparaît, entraînent des chagrins et des contrariétés; et celles-ci, chez le Scorpion, particulièrement vindicatif et agressif, peuvent engendrer des incidents regrettables.

On ne saurait trop conseiller la prudence aux Scorpions dans le domaine de l'amour. Ils auront probablement du mal à adopter une pareille attitude, car ils se laissent volontiers entraîner par leur sexualité. Le sexe fait partie de la trilogie de leur existence, avec la puissance et le confort...

Par instinct et en raison de son signe solaire, le Scorpion, créateur, devient procréateur. Pour lui, faire l'amour équivaut à se reproduire.

L'amour, ce mystère

Pour les hommes et les femmes du Scorpion, on peut dire que l'amour représente un mystère sacré.

Le Scorpion pense que les relations qui unissent un couple appartiennent au domaine strictement privé; il n'imagine pas de raconter à qui que ce soit ses problèmes d'amour.

99

Les Scorpions sont possessifs, jaloux, fiers de l'être et bagarreurs sur ce chapitre. Pour eux, la jalousie ne constitue aucunement un défaut.

Ils ne considèrent rien de ce qui touche la sexualité comme un jeu; et si, dans le couple, un des partenaires manque de sérieux à ce propos, le Scorpion le sent immédiatement et il n'existe pas de meilleur moyen de le faire fuir.

Tous les Scorpions savent dominer l'adversité. Au sein d'une union, ils garderont la tête claire dans les moments difficiles; on peut leur faire confiance.

Mariage d'amour, mariage de raison : un Scorpion, homme ou femme, se montre capable de réussir l'un ou l'autre parce qu'il est conscient et sait où il va.

Chez le Scorpion se pose le problème de la fierté. En son nom, il demande volontiers à son partenaire de se dépasser. Il y voit une attitude constructive. Mais elle n'a pas que des avantages, car l'autre ne souhaite pas toujours faire l'effort que son Scorpion lui demande. Celui-ci, dans le but d'entraîner son compagnon sans cesse plus haut, se laisse parfois aller à des critiques, qui ne se voient pas toujours appréciées. On assiste à des incidents, qu'il vaudrait mieux éviter. Il faudrait refuser également, et d'une manière absolue, d'utiliser la sexualité pour récompenser le partenaire de ses efforts. Il n'existe pas de pire comportement, mais hélas, les Scorpions ont tendance par moments à l'adopter !

Un mariage avec un Scorpion peut présenter un avant-goût d'enfer ou de paradis terrestre. Si l'on tient compte des observations faites ici, on entendra probablement pendant de longues années le chœur des anges, et non pas le crépitement des flammes éternelles ! Nous sommes chacun les maîtres de notre destin; nous pouvons donc réussir tous notre existence conjugale et familiale, même avec un Scorpion !

Les contradictions du Scorpion

Le Scorpion n'est pas un sentimental. Ses amours ont une origine sexuelle. Mais son désir revêt une telle intensité qu'il souhaite qu'on le considère comme un véritable amour. Il joue le jeu et parvient même à faire passer son désir sexuel pour une passion dévorante très idéalisée, et qui ne trouve son expression que dans des transports où l'apport du romantisme n'enlève rien à l'érotisme.

L'homme Scorpion exerce sur les femmes une sorte d'attirance magnétique.

Mais voilà que commencent les problèmes. Car il connaît son pouvoir et manifeste une fâcheuse tendance à vouloir en tirer parti, parfois même à en abuser.

Le Scorpion vit de multiples contradictions, capable de s'aimer et de se haïr en même temps. Ce trait de caractère pourrait venir de la présence du signe des Poissons dans sa Maison V.

Il en arrive à s'abuser lui-même. Il rêve et il se croit. Mais bientôt, il se détrompera et éprouvera alors de profondes désillusions.

Doutant parfois de lui-même, il ne trouve, pour se prouver sa valeur, que le domaine sexuel. Là, il devient capable de se faire admirer, approuver. Le Scorpion doit réaliser l'importance en lui de cette tendance et se persuader que rien n'est à prouver, ni à démontrer dans le domaine de l'amour et de la sexualité; la nature nous fait agir comme elle l'entend.

Les preuves et les démonstrations ne se placent pas à ce niveau; elles résident en fait dans les marques d'estime et d'affection, où la personnalité consciente entre en jeu, et qui offrent dès lors quelque valeur. Ailleurs, non.

Le Scorpion croit qu'en s'entourant d'un certain mystère, il se valorise aux yeux des autres. Il a donc tendance à se présenter sous un aspect autre que le sien, et à remplacer sa réalité affective par une création nébuleuse qui sert de rempart à son moi profond. On constate bien ici l'influence du signe des Poissons; elle se limite d'ailleurs forcément au monde de la Maison V, la seule qui se trouve placée sous la direction de ce signe.

Offrir de soi-même une image fausse reste possible, réalisable. Mais quand les relations deviennent intimes, qu'arrive-t-il ? Le partenaire décèle la supercherie, plus ou moins consciente, et découvre la réalité; il réagit de façon imprévisible et plus d'un Scorpion regrette aujourd'hui d'avoir utilisé ce subterfuge.

Savoir réunir les meilleures conditions pour le bonheur

Le Scorpion ne semble pas doué pour le bonheur. Sans cesse sur la défensive, agressif, il se montre en même temps bourré de contradictions. Si un ascendant favorable ne vient pas sauver la situation, il prendra un mauvais départ pour une carrière heureuse.

Nous lui conseillerons d'abord de se montrer, dès le début d'une nouvelle relation, tel qu'il est, tel que, finalement, sa (ou son) partenaire le verra un jour. Pourquoi cherche-t-il à tromper ? Si on aime en lui le personnage fictif, comment le vrai Scorpion qui s'y cache pourrait-il en éprouver la moindre satisfaction ?

Dans le domaine de la sexualité, le bonheur peut aussi se prévoir, se préparer, se favoriser; car elle représente un des éléments d'une vie heureuse. Dans ce domaine, le Scorpion réagit toujours à l'extrême : brûlant ou glacé, donnant ou reprenant, il peut devenir merveilleusement généreux, ou outrageusement égoïste.

Peut-être se sentirait-il plus à son aise s'il acceptait

de relâcher, au moins dans le domaine de l'amour, ce contrôle serré qu'il exerce constamment sur lui-même.

Dans ses relations affectives, et aux meilleurs de ses instants amoureux, le Scorpion se veut excessif, possessif, matériel. S'il s'agit d'un homme, sa compagne s'éloignera alors peut-être de lui; s'il s'agit d'une femme, son partenaire s'en ira, non pas « peut-être », mais « sûrement ».

Il faut réviser cette attitude pour ouvrir la voie au bonheur.

Quant au problème de la sensibilité, il incite, avec la personnalité excessive et agressive du Scorpion, à parler surtout de la jalousie.

Voilà le grand mot écrit : la jalousie est l'ennemie du bonheur.

Nous avons observé la Maison V du Scorpion, celle de l'amour et des amours; jetons maintenant un regard incisif sur la Maison VII, qui représente le domaine du mariage. Or, pour le Scorpion, cette Maison se trouve habitée par le Taureau. Celui-ci apporte la stabilité, la lenteur, l'attachement au sol, et les directives de la planète Vénus. Le bonheur conjugal semble bien aspecté.

Quand le Scorpion rencontre son futur conjoint, s'en aperçoit-il ? Il lui arrive de se tromper, de ne pas comprendre que sa destinée se joue et, emporté alors par ses contradictions habituelles, il risque de gâcher toutes ses chances.

Dans le thème natal, la Maison XII concerne les épreuves que le destin et la fatalité réservent au sujet. Or, chez le Scorpion, cette maison est habitée par la Balance, gouvernée par Vénus.

La Balance en Maison XII

Que nous apporte cette information ? Elle nous

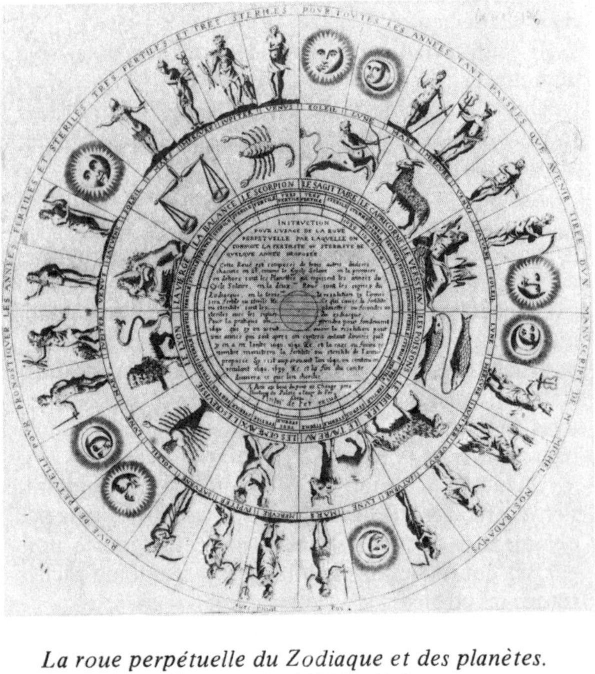

La roue perpétuelle du Zodiaque et des planètes.
Gravure du XVIIIe siècle.

livre un trait de caractère du Scorpion. Celui-ci, soutenu par Vénus, veut aimer dans un sens généreux et idéaliste. Poussé par son instinct de procréation, il donne une grande valeur au mariage, qui lui permet d'avoir des enfants. Mais il y a un inconvénient : la facilité avec laquelle le Scorpion confond le véritable amour et la sexualité, qui se trouve à la base de bien des erreurs de son comportement.

La présence de la Balance indique que pour le Scorpion l'amour conjugal doit correspondre non seulement à une harmonie physique, mais aussi intellectuelle. Ce point délicat semble peut-être à certains difficile à comprendre. Pourtant, sa connaissance évite de commettre les mêmes erreurs; la voie s'ouvre enfin, qui conduit vers une vie heureuse.

Conseils aux hommes concernant madame Scorpion

Madame Scorpion est une grande émotive : là se trouve la clé de son comportement.

Cette émotivité, cependant, se cache sous la sombre cuirasse de *l'arachnides* bien armé, mais probablement plus timide qu'il ne le croit lui-même.

Lorsque la toute jeune mademoiselle Scorpion devient, pour la première fois, amoureuse, les hommes qui l'entourent devraient s'en garder comme du feu. Car elle s'en va à la recherche du grand Amour. Elle attend de la vie et de son propre charme un sentiment absolu, complet, idéal, qui vous enlève de terre et vous transporte dans un tourbillon de passion et de joie vers le paradis des romans « vrais » et des récits « vécus ». Mademoiselle Scorpion se veut l'égale de l'homme qu'elle épousera et, en même temps, elle souhaiterait un mari plus fort qu'elle, un de ces êtres sur lesquels une tendre petite fille rêve de s'appuyer. Elle éprouve toujours des désirs excessifs.

Cette jeune femme, dès ses premières amours,

possède tous les atouts de la classique « femme fatale », et elle sait, par instinct, tout obtenir de l'homme, sans lui accorder la plus petite parcelle de son cœur. Quand son partenaire lui aura donné ce qu'elle désirait, elle risque alors de le laisser partir, désespéré, sans s'émouvoir le moins du monde... Et cela pendant plusieurs années.

Messieurs, avis !

Et puis vient un jour où la jeune madame Scorpion connaît alors un peu la vie et a fait quelques expériences. Elle a pu considérer l'une d'elles comme une décision définitive : elle a alors entouré de son rêve l'élu du moment, elle l'a paré des qualités requises, elle s'est persuadée qu'elle l'aimait, que lui seul avait su trouver le chemin de son cœur et elle a enfin rendu cet amour artificiellement parfait; c'est la fin de l'aventure et le début de la vie conjugale. Mais si son cœur reste libre, un jour vient donc où elle rencontre l'homme qu'elle considère enfin dans sa réalité : un homme, rien qu'un homme, et non plus un héros ou un demi-dieu, un être, en un mot accessible. Ce fait caractérise bien madame Scorpion : la « femme fatale » n'osait espérer partager une sage vie conjugale avec un de ces personnages sensationnels et étonnamment rares qui fourmillent sur les rayons des librairies, mais qu'on ne découvre jamais. La vie lui a appris que ce héros pouvait revêtir l'aspect simple d'un homme ordinaire; et elle en tombe alors amoureuse, réellement, cette fois.

Ce jour-là, madame Scorpion déposera au vestiaire son armure étincelante et canalisera ses immenses réserves d'énergie pour rendre heureux cet être qu'elle se surprend à aimer.

Conseils aux femmes concernant monsieur Scorpion

Mesdames, lorsque vous rencontrerez monsieur

Scorpion, il vous intriguera, vous ensorcellera, car il s'entoure d'un mystère quasi magique.

Vous le voyez sous un jour étrange, parce qu'il se barricade derrière un rempart dur et brillant comme une carapace; vous le craignez un peu, parce qu'on dit qu'il se sert d'un certain éperon piquant... mais sous cette apparence indéfinissable, vous devez vous efforcer de découvrir la réalité.

Sans aucun doute monsieur Scorpion, même s'il n'en fait pas état, est généralement un homme fort, qui travaille, qui connaît bien sa puissance de lutte et a organisé sa vie sur des bases agressives. Il veut gagner des batailles et reconnaissons que tout ce qu'il entreprend devient avec lui une sorte de combat.

Il demeure étonnamment individualiste et indépendant.

On le croit généreux; pourtant, si la meilleure des causes ne l'intéresse pas, il ne lui accordera pas la moindre attention. On le dit ambitieux : on découvre un jour qu'il peut renoncer à un avancement mérité parce que la fonction qu'il implique ne lui convient pas. On le considère comme égoïste; on apprend un jour qu'il s'est mis en quatre pour aider un ami. Et, à l'instant où on suppose qu'il n'a pas de cœur, parce qu'il sait rompre une liaison, il fait mille et un sacrifices pour en prolonger une autre à laquelle, inexplicablement, il reste attaché. C'est un perpétuel combattant, rempli de contradictions.

Mais faut-il se limiter à cette affirmation ? N'a-t-il pas une logique secrète qui vous ouvrira le chemin de son cœur ?

Vous pouvez pourtant lever le voile du mystère : monsieur Scorpion, lutteur sûrement, individualiste sans doute, porte aussi une grande attention à l'amour et à la sexualité. Voilà ce qui le fascine, ce qui meuble son existence. Il aime, et sait comment il peut et souhaite être aimé. Il saura pardonner la jalousie de sa femme, il la récompensera même. Il pourra deviner tout le romantisme qu'elle a soigneusement caché dans son cœur, persuadée qu'il demeurait étranger à cet aspect des relations amoureuses. Sans devenir lui-même sentimental, il apprécie que sa femme le soit.

Il désire éveiller chez sa compagne la sensualité et la passion, mais pas trop vite, pas trop facilement : il apprécie toujours la difficulté.

Il éprouve un vif intérêt pour la pensée, les idées, les sentiments de sa femme, mais veut garder le mérite de l'exploration. Ce qu'on lui donne facilement l'intrigue beaucoup moins.

Ces quelques clés ouvriront le cœur et l'âme de monsieur Scorpion.

Ajoutons que cette attention passionnée qu'il porte à la mentalité des autres le sert dans sa carrière. Elle l'aidera également dans son rôle de père de famille: cet excellent psychologue connaîtra bien ses enfants et saura ainsi mieux les guider.

Les éléments principaux de son caractère se rapprochent de ceux de l'adolescence, tant critiquée et refusée même par certains adultes, jaloux sans doute de cette longue vie qui l'attend. Monsieur Scorpion se montre, comme les jeunes en révolte, personnel, rebelle, hargneux, exactement comme il l'était dans sa jeunesse. On ne l'entend jamais regretter de « ne pas comprendre les jeunes d'aujourd'hui ». Il saisit parfaitement toutes leurs impulsions et, s'il ne les approuve pas toujours, il sait les admettre, parce qu'il les comprend.

Cet homme tient au respect de son entourage. Les sentiments que les autres, ses collaborateurs, ses clients, ses associés, éprouvent à son égard, lui restent absolument indifférents; il n'a pas besoin de l'amitié de ces gens-là, mais de leur travail.

Pourtant, quand il aime, il aime beaucoup. Il ne jette pas les pétales de son cœur à tous les vents : il lui faut des raisons valables pour accorder son estime, son amitié et enfin, son affection à des tiers.

Qu'attend-il de sa femme ? Tout. La loyauté, la gentillesse, l'esprit, la vivacité, l'adoration, la capacité physique de répondre à ses élans, et une sécurité totale dans la continuité. Tout ou rien. Et ce « tout » vaut cent fois mieux !

On ne peut espérer le satisfaire sans lui donner le meilleur de soi-même. Sa femme doit bien s'en convaincre avant de prononcer le « oui » définitif.

On ne saurait jamais tromper monsieur Scorpion sur la profondeur et la sincérité des sentiments qu'on lui déclare. Bon psychologue, perspicace, il sait de quoi il parle et lit au fond des yeux.

Quant à le modifier – voir évoluer l'époux qu'elles ont choisi reste le rêve de bien des femmes –, il vaut mieux abandonner là tout espoir. Pour l'éloigner, il suffit souvent de vouloir changer ses habitudes. Pour le garder, il faut tenter de le comprendre, lui montrer de la sympathie.

Ses plus grandes satisfactions lui viennent de la femme qu'il aime. Dans ce domaine, elle a un grand pouvoir. En matière de sexualité, elle doit lui faire savoir, sans mauvais goût, s'il l'a contentée ou s'il a failli. Dès lors, cette femme sera l'épouse d'un Scorpion heureux et nous espérons qu'elle le souhaite.

L'enfer mazdéen.

La Famille d'acrobates, *par Picasso, 1905 (musée de Göteborg).*

Chapitre II

Le Scorpion et l'amour

« Tout le jeu érotique est là :
être soi-même et l'autre... »
ANDRÉ MALRAUX.

Dans cette étude sur l'interprétation de votre signe, il convient maintenant d'envisager ce que vous devez faire ou ne pas faire si vous épousez un partenaire de votre signe, ou d'un des onze autres signes du Zodiaque.

Comme nous l'avons vu, il aurait été intéressant d'étudier les types mixtes dans le cadre des problèmes de la vie conjugale. Comment, en effet, la présence d'un ascendant Bélier va-t-elle modifier le comportement conjugal d'un Scorpion, et quelle différence existera-t-il alors avec un type mixte Scorpion-Vierge, par exemple ? Ces énumérations peuvent paraître fastidieuses; il faut cependant en tenir compte.

Voici comment vous procéderez. Dès que vous connaîtrez votre ascendant, reportez-vous au paragraphe concernant votre type mixte.

N'oubliez jamais la grande règle des ascendants : votre signe solaire vous donne une constitution innée, des tendances, des instincts, des particularités. Vous êtes né ainsi, et vous n'y pouvez rien. Votre ascendant vous offre la possibilité de modifier, au cours de votre vie, ce que la nature vous a attribué. Il apporte avec lui les traits inhérents aux natifs du signe, ceux qui l'ont pour signe solaire; mais cette influence présente alors des éléments dynamiques, qui vous permettront de rectifier votre instinct. Votre signe solaire vous fournit un terrain, votre ascendant vous fait agir.

Pour examiner les chances de bonheur des natifs de chaque signe qui épouseront un Scorpion, nous prendrons pour base unique les caractères que leur attribue leur signe solaire. « *In amore veritas* », c'est dans la passion que l'on se montre sous son véritable jour; vous semblerez probablement, vis-à-vis de votre conjoint, plus proche de votre signe solaire que de votre ascendant.

Les observations qui suivent restent certes trop générales pour refléter rigoureusement la personnalité de chacun, mais elles constitueront cependant un guide précieux dans votre recherche du bonheur.

Madame Scorpion devant monsieur Scorpion

Deux agressivités en présence !

On prétend qu'il existe souvent un élément statique, conformiste, pondéré, conciliant et monotone dans un couple formé de deux natifs d'un même signe; on déclare qu'ils ne connaissent aucune émulation, celle qui les aiderait à progresser, à donner chaque jour le meilleur d'eux-mêmes. Ces affirmations, sans avoir été démontrées, restent cependant plausibles pour le couple de Scorpions.

Deux Scorpions qui se rencontrent – terme pris ici dans son sens très particulier de rencontre du prédestiné, de l'attendu, de l'âme sœur – se reconnaissent, se devinent, se sentent, s'adoptent. Dès le premier regard, l'amour s'établit entre eux. Deux réalistes, grâce à ce simple contact, deviennent dès lors romantiques à souhait.

Aussitôt, ils veulent l'un et l'autre que leur amour soit une merveilleuse flamme illuminant toute leur vie. La réalisation de cet avenir reste possible, mais elle exigera des deux conjoints le meilleur d'eux-mêmes.

Madame Scorpion souhaite devenir dans la réalité conforme à ses propres rêves et, pour se remodeler, elle doit accomplir des efforts de tous les instants.

Qu'elle se persuade que monsieur Scorpion tendra, de son côté et avec autant de mystère, au même but. Il le fera, au début du mariage, avec une grande conscience; avec les années, il se lassera, l'habitude viendra et avec elle d'autres soucis; il y attachera peut-être alors moins de soins et de rigueur. Madame Scorpion, d'ailleurs, n'échappera pas non plus à cette évolution.

Leurs caractères innés se manifesteront de nouveau. On verra peu à peu réapparaître une certaine jalousie qu'on avait refoulée, des soupçons que l'on croyait rejetés, des froissements sans importance, mais qui s'accumuleront, et parfois de petits désirs de vengeance pour des riens, de ces riens qui importent beaucoup.

Pour chacun des deux époux, le problème reste le même; mais pour madame Scorpion, plus critique ou plus disponible, la question deviendra plus aiguë : faut-il réellement tenter de le modifier, lui, ou bien le prendre tel qu'il est, s'en accommoder, en faisant les plus louables efforts ? On sait combien les femmes sont vertueuses en ce domaine !

Il semble que l'excès de combativité de madame Scorpion puisse utilement se tourner vers quelque noble cause qu'elle saura alors parfaitement défendre. Ainsi, elle se montrera plus apaisée devant son « seigneur et maître ».

Monsieur Scorpion devant madame Scorpion

Lorsque monsieur Scorpion épouse madame Scorpion, on risque d'assister à une bataille pour le pouvoir.

Au sein de ce couple, on observe parfois de curieuses sommations et mises en demeure. Les conjoints veulent assumer chacun toutes les responsabilités.

Ces êtres extrêmement possessifs se sentent cependant irrésistiblement attirés l'un vers l'autre. Mais ils souhaitent tous deux jouer le beau rôle, imposer leur point de vue, et aucun ne veut céder.

Ces attitudes vont créer toutes sortes de problèmes, mais jamais financiers. Car monsieur Scorpion réussit généralement bien ses affaires.

Cependant, il arrive parfois que cette réussite lui coûte cher, et qu'il la paie du prix de la tendresse et de la joie qu'il attendait de la vie.

Pour éviter ces obstacles regrettables, les deux époux devraient canaliser leurs énergies vers un seul et même but, vers l'extérieur, et parvenir, chez eux, à faire taire leurs bouches querelleuses.

Leur avenir semble hérissé de difficultés, mais tout ne demeure-t-il pas plus satisfaisant que l'univers conjugal statique dont la description ouvrait ce chapitre ? Les Scorpions me comprendront, eux qui taquinent sans cesse le destin pour s'inventer de nouvelles difficultés à vaincre !

Madame Scorpion devant monsieur Bélier

Une forte attirance physique rapprochera très vite madame Scorpion et monsieur Bélier. Mais leurs réactions resteront imprévues, car on va d'abord assister à une sorte de bataille verbale. Elle utilisera des mots vifs et bien placés, des pointes fines, piquantes, mais jamais mortelles, un feu d'artifice spirituel et frémissant qui réjouira les témoins, si toutefois il s'en trouve. En leur absence, ces joutes admirables se termineront probablement par des baisers.

Mars contre Mars. Monsieur Bélier porte en lui un combattant, madame Scorpion une lutteuse. Il suffisait d'y penser et, spontanément, aucun des deux partenaires n'y manquera. Chacun dispose de l'influence de la planète rouge, mais chez madame Scorpion, elle se double de celle d'un petit rayon venu de

Pluton, qui la pousse vers l'instinct de procréation.

Une grande harmonie s'établira très tôt entre leurs corps et ils s'en apercevront instantanément, car ils n'ignorent l'un et l'autre rien de leurs dispositions en ce domaine.

Lorsque le cœur de madame Scorpion commencera à battre très fort pour monsieur Bélier, elle aura déjà renoncé à la discussion; il est des arguments qu'une femme éprise ne réfute pas.

Madame Scorpion s'enthousiasmera volontiers pour les projets et les ambitions de monsieur Bélier. Quand il y renoncera pour tendre vers un autre but, tout aussi exaltant, madame Scorpion devrait lui rappeler qu'il faut terminer ce que l'on a commencé; mais elle n'y pense même pas et, la première, elle approuve, car monsieur Bélier a toujours des arguments convaincants. Ne leur faut-il pas en effet la voiture du modèle le plus récent, l'appartement toujours un peu plus grand, ou une cuisine « dernier cri » ? Il aime le neuf, l'inédit, ce qui ne passe pas inaperçu. Pourquoi irait-elle s'en plaindre ? Pour être plus « royaliste que le roi » ? Ce serait bien inutile.

Monsieur Bélier se montrera infiniment satisfait de cet état d'esprit chez sa femme; il vivra en homme heureux et le bonheur va si bien au Bélier ! Et puis, il manque de psychologie. Par goût et par nature, il n'aime pas disséquer les attitudes et les expressions des autres pour en déduire leur humeur. Madame Scorpion en prendra très vite conscience et comprendra aussi l'inutilité de sa jalousie, car il ne s'en aperçoit même pas !

En revanche, lorsque, avec son caractère sans détours, il lui demandera de lui livrer ses pensées, elle devra s'abstenir de hausser les épaules. Il veut une réponse simple, claire et qui, de préférence, pose un problème facile à résoudre sur l'instant.

Sur l'instant, car dans une heure il aura tout oublié.

Alfred de Musset, Scorpion, et Rachel (musée Carnavalet).

Monsieur Scorpion devant madame Bélier

Le Bélier est un signe de Feu, le Scorpion un signe d'Eau. Ils éprouvent des difficultés à vivre en toute sérénité et ne forment jamais un couple tranquille.

Il arrive que madame Bélier irrite monsieur Scorpion. Mais monsieur Scorpion aime tellement madame Bélier, il a une telle estime pour son indépendance qu'il apprécie hautement qu'elle veuille bien demeurer près de lui. Il sera donc aux anges s'il devine comment il peut aider sa chère compagne; et ce perfectionniste va dès lors chercher chaque jour comment mieux faire encore.

Mais on assiste alors à un « effet inhabituel ». Monsieur Scorpion, dans son désir de réaliser ce but, va probablement ressentir un complexe de culpabilité envers madame Bélier, sans cesse plus grand. Climat curieux et très difficile à rompre. Mais madame Bélier influe, astrologiquement, sur la carrière et la situation de son partenaire, et monsieur Scorpion trouvera là un remède à ses scrupules.

L'aide de madame Bélier semble absolument certaine, même si elle ne se montre pas : elle présente un caractère de fatalité.

Deux belliqueux, deux ambitieux ! La lutte serait dure s'il ne s'agissait de deux époux, donc aussi deux amants, qui possèdent des solutions de réconciliation presque idéales.

Madame Scorpion devant monsieur Taureau

Les signes du Taureau et du Scorpion, comme nous l'avons remarqué dans la première partie, sont diamétralement opposés; cette situation apporte toutes les chances de créer entre eux une grande harmonie.

Monsieur Taureau se fait remarquer par un air de grande stabilité qui plaît tout de suite à madame Scorpion. Ferme, mais sans aucune agressivité, il sait se montrer charmant et, dès que madame Scorpion a exercé sur lui, consciemment ou non, sa séduction bien connue, il exprime d'une manière tout à fait agréable son bonheur d'avoir été conquis.

Madame Scorpion, qui se pique de psychologie et d'intuition, se sent capable de deviner au premier regard si son partenaire saura se dévouer pour elle. Lorsque devant monsieur Taureau elle a cette impression, celle-ci s'avère bientôt juste : il est disposé à bien des efforts pour la rendre heureuse.

Dès qu'il l'a vue, il a ressenti combien il souhaitait veiller sur elle, la gâter, la garder. Il adore sa vitalité et l'intérêt que, visiblement, elle porte aux profondeurs de son psychisme.

Madame Scorpion ne devra pas écouter les conseils de son entourage qui, connaissant leur double jalousie, prend alors des airs pleins de sous-entendus.

Jaloux ? Mais comment donc !

Il est lent dans ses mouvements, mais non dans sa pensée. Elle est rapide, elle ne tient pas en place. Il est « près de ses sous », et il adore compter et recompter les additions avant de jeter négligemment un gros billet dans la soucoupe. Elle a tendance à se tourner vers des problèmes intellectuels; monsieur Taureau reste pratique et terre-à-terre.

Que madame Scorpion ne s'arrête surtout pas à ces détails infimes. Si ses amis l'en avertissent, ils le font souvent par envie, et elle doit les ignorer.

Monsieur Taureau aimera la maison élégante que madame Scorpion saura lui aménager. Il appréciera l'attention qu'elle donnera au ménage, pourvu, toutefois, qu'elle garde des forces pour les soins tout particuliers qu'il attend d'elle le soir venu. Un lien solide peut se tisser entre eux, non seulement en raison de leur amour physique, mais aussi de leur goût commun pour un certain confort dans la vie quotidienne.

Il s'étonnera parfois un peu de deviner chez madame Scorpion des abîmes complexes et secrets, dont elle ne dit rien. Mais elle supporte bien ses moments de silence et d'humeur noire, et même, elle s'efforce de lui rendre l'esprit serein par un geste aimable, un apéritif, une bonne cuisine... Ils sont bien faits pour s'entendre.

Monsieur Scorpion devant madame Taureau

La planète Vénus gouverne le Taureau. Unie à Mars, qui influence le Scorpion, elle crée un climat d'indépendance et d'originalité. D'autre part, le signe du Taureau habite la Maison du Scorpion relative au mariage, aux contrats, aux relations. Il semble donc que beaucoup d'éléments invitent à l'union de monsieur Scorpion avec madame Taureau.

Monsieur Scorpion, dès qu'il connaîtra madame Taureau, modifiera ses points de vue en tout et se montrera heureux de voir le monde avec le regard de sa compagne. Madame Taureau va lui apprendre les arts, la beauté, le confort, la vie heureuse, et aussi le côté sensuel de l'existence. Entre ces deux passionnés, l'amour deviendra une aventure sensationnelle.

Monsieur Scorpion, être vif, découvrira avec madame Taureau une certaine patience et le sentiment que le temps peut faire bien des choses.

Monsieur Scorpion pourrait espérer changer madame Taureau, mais en vain : elle n'évoluera pas. Autant la garder telle qu'elle est.

Madame Scorpion devant monsieur Gémeaux

Monsieur Gémeaux reste avant tout un être

cérébral. Une union avec madame Scorpion semblerait parfaite sur le plan de l'amitié et des affaires. Dans le domaine sentimental, il faut l'intervention d'un catalyseur puissant pour faire éclater entre ces deux êtres si dissemblables l'ébauche de l'amour, ou tout au moins de la tendresse. Mais un Gémeaux en est-il capable ?

Monsieur Gémeaux se révèle brillant, agile, sensible, amusant et spirituel; pour mademoiselle ou madame Scorpion, il peut devenir un très agréable flirt : danseur plaisant, compagnon charmant, et toutes ses amies envieront l'heureuse élue. Mais ferait-il un bon mari ?

Sur l'esprit de madame Scorpion, monsieur Gémeaux a la même influence qu'un bon levain sur la pâte : il la met en valeur. Le devoir de madame Scorpion, pour récompenser son compagnon du charme de sa présence, consistera à le stabiliser : « Ne pars pas avant d'avoir vu cela, ne t'en va pas avant d'avoir répondu à cela ! »

Leur entente peut s'articuler autour de leur quête commune, suivant les mêmes voies élevées, du neuf, du beau, de l'original. Deux intelligences l'une en face de l'autre.

Bien qu'il apprécie la mobilité, que madame Scorpion n'aille pas croire que monsieur Gémeaux soit incapable de réussir dans sa carrière. Il possède des dons et sait les utiliser. Mais il préfère qu'on ne l'accable pas de remarques, comme par exemple : « Termine donc ce que tu as commencé avant d'aller là-bas. » Il semble ne pas les entendre, parce qu'il refuse de le faire; madame Scorpion risque, pendant quelques jours, de le voir se fermer à tous les conseils. Et puis, ce nuage passera, comme les autres; ils disparaîtront totalement si madame Scorpion accepte la vraie personnalité de monsieur Gémeaux et cesse de le gourmander comme un enfant. Même s'il garde l'allure et le ton d'un jeune homme, il mûrit, lui aussi.

Fiodor Dostoïevski.

Madame Scorpion est intransigeante sur un point : la fidélité. Avec monsieur Gémeaux, elle n'aura probablement jamais de certitudes. Il lui laissera toujours quelques doutes ; d'abord, il ne tient pas à s'expliquer longtemps sur ce problème; ensuite, le doute lui demeure toujours favorable, en raison de son caractère volage.

Un jour viendra où monsieur Gémeaux sera définitivement conquis par madame Scorpion. Alors, un immense bonheur descendra doucement sur eux; ils l'auront bien mérité.

Madame Scorpion devra y mettre du sien; car son compagnon, lui, n'y peut rien : telle est sa nature.

Monsieur Scorpion devant madame Gémeaux

Quelle merveilleuse découverte pour monsieur Scorpion que l'amour de madame Gémeaux ! Avec elle, il fera maintes découvertes; avec elle, il vaincra tous les tabous.

Il n'aura pas de repos; sans cesse, elle aiguillonnera ses ressources mentales; débordant de vitalité, et très cérébrale, elle se montre toujours d'une idée en avance sur les autres !

Le signe des Gémeaux habite la Maison VIII du Scorpion : problèmes d'argent, de mort, héritages, deuils, crises, mais aussi érotisme.

Madame Gémeaux poussera monsieur Scorpion à toujours faire mieux, et surtout à réaliser des gains plus substantiels.

Pourtant, parfois, monsieur Scorpion se sentira un peu effrayé de se voir suivre madame Gémeaux. Car elle lui dévoile bien des choses cachées au plus profond de lui.

Si monsieur Scorpion ne la domine pas, madame Gémeaux lui fera abandonner des concepts auxquels il tenait par tradition. Il devra se tourner vers l'avenir et réviser un grand nombre des principes que, jusqu'ici, il considérait comme inébranlables.

Il s'y pliera volontiers, au nom de son amour; mais peut-être vaudrait-il mieux qu'il garde les rênes et conduise lui-même les recherches du couple.

Madame Scorpion devant monsieur Cancer

Lorsque madame Scorpion rencontrera monsieur Cancer, son intuition lui soufflera discrètement que ce partenaire séduisant et impressionnable pourrait bien devenir l'homme de sa vie. Son instinct s'accordera en cela aux lois de l'astrologie. Monsieur Cancer, signe d'Eau, comme madame Scorpion, doit fatalement s'entendre avec elle.

Monsieur Cancer sait aimer d'une manière confortable. Les petites manifestations familières d'affection, dont les femmes sont coutumières, et que madame Scorpion prodigue, comme ses sœurs, abondamment, lui sont agréables et il témoigne de sa satisfaction à les recevoir. Contrairement aux autres hommes, il ne les considère pas comme un dû, mais s'en montre reconnaissant. Et comme il sait gâter ceux qui le rendent heureux, il mettra tout en œuvre pour faire sourire madame Scorpion.

Ce couple se réalisera également dans un autre domaine. Monsieur Cancer fait l'amour d'une manière romanesque et sentimentale; il saura toucher le cœur et les sens de madame Scorpion. De son côté, elle pourra, par son talent, le transporter au paradis des amants comblés.

Monsieur Cancer semblerait, aux yeux d'une autre femme, par trop soucieux de son foyer; mais cela ne choque pas le moins du monde madame Scorpion qui dispose, elle-même, d'une carapace montrant à quel point elle apprécie de se blottir à l'intérieur d'une petite caverne creuse, fût-ce avec un partenaire du sexe opposé. Ces séjours à deux dans le calme d'une maison partagée les satisferont pleinement.

L'esprit de madame Scorpion tend toujours à déchiffrer les autres; elle voudrait parfois pénétrer dans l'univers secret où plonge monsieur Cancer : il reste alors, pendant de longs moments, rêveur et silencieux. Mais elle aurait tort. Si elle questionnait monsieur Cancer, il répondrait n'importe quoi, parce que, à peine sorti de sa rêverie, il a déjà oublié son projet. Simplement parce que ses pensées restent vagues et informes, plus au niveau de la sensation que de l'argument positif. Et il reste tout à fait sincère lorsque à la question : « A quoi rêvais-tu ? », il répond : « A rien ! »

Il faut s'y faire.

Monsieur Cancer est intelligent, conservateur, sérieux et travailleur. Si on y ajoute sa sensibilité, que peut demander de mieux madame Scorpion ?

Monsieur Scorpion devant madame Cancer

Le signe du Cancer habite, chez le Scorpion, la Maison correspondant aux projets à longue échéance. Un mariage entre monsieur Scorpion et madame Cancer peut donc présenter toutes les chances de réussite. Une maison, une famille, voilà le rêve de madame Cancer. Elle suscitera en monsieur Scorpion l'envie de projets longuement mûris et d'affaires fructueuses, afin d'enrichir le bien-être du foyer.

En fait, leur appartenance commune aux signes d'Eau favorise le calme du couple et la sérénité de leur tendresse. Une histoire sans passion, et aussi sans orages.

La rencontre de monsieur Scorpion avec madame Cancer n'a sans doute pas suscité de coup de foudre. Mais la tendresse amoureuse qui s'établit entre eux leur donnera toutes les chances de construire un amour, enrichi bientôt de la découverte de leurs deux corps. La présence de madame Cancer incitera parfois monsieur Scorpion à lui livrer ses découvertes, elle s'en montrera heureuse et reconnaissante, comme des plus petites marques de tendresse qu'il lui témoignera. Car son cœur, immense, bat pour l'amour, la famille, la tendresse et un foyer secret, bien clos, où l'on s'aime loin des rumeurs du monde.

Madame Scorpion devant monsieur Lion

Bien des choses vont dépendre, dans ce mariage, de l'image que madame Scorpion se fait du mari de ses rêves. L'éclat qui entoure toujours et partout monsieur Lion l'a peut-être séduite avant qu'elle n'ait eu le temps de réfléchir. Mais réfléchir en amour ?

Madame Scorpion se sait intuitive; elle imaginera connaître, dès le premier instant, monsieur Lion, et sera fière et heureuse qu'il ait remarquée ; elle abandonnera pour lui ses coquetteries rusées.

Devant ce seigneur, ce dominateur, elle s'inclinera. Que madame Scorpion n'espère pas manipuler monsieur Lion à son gré, comme elle a pu le faire avec d'autres hommes. Elle va connaître ici un changement. Monsieur Lion commande, il n'obéit pas; ce n'est pas dans sa nature.

Monsieur Lion possède de brillantes et nombreuses qualités ; il a pourtant un défaut que madame Scorpion devrait découvrir très vite grâce à son intuition infaillible, si toutefois elle ne veut pas l'accepter. Monsieur Lion désire attirer toute l'attention des personnes de son entourage. Séduit par madame Scorpion, il a décidé de devenir pour elle un amant, un guide, un protecteur, mais jamais, non, jamais, une aide-ménagère...

Monsieur Lion éprouve des sentiments aussi ardents et aussi profonds pour madame Scorpion que ceux de

Le Baiser, *par Auguste Rodin, 1886*
(musée Rodin, Paris).

celle-ci à son égard. Il restera toujours un amant prévenant, mais elle, elle ne fera jamais disparaître sa jalousie. Elle devra pourtant bien admettre le caractère immuable de son mari ; attentionné à son égard, il le sera également envers les autres femmes. Elle n'y peut rien, et il lui faudra l'accepter.

Monsieur Lion manifestera quelques exigences envers sa dame Scorpion. Elle qui sait se montrer merveilleusement élégante, a tendance, chez elle, à ne plus faire attention à son apparence extérieure. Or, son mari la voudrait toujours aussi brillante.

Monsieur Lion souhaite l'admiration des autres, mais une admiration justifiée. Il faut qu'on lui envie sa femme, qui doit donc se montrer admirable.

L'attention de monsieur Lion ne se porte pas toujours uniquement sur les mérites et les aspirations de madame Scorpion; là encore, elle ne doit pas s'impatienter. Qu'elle songe aux moments délicieux qu'il lui procure : elle lui pardonnera alors bien des erreurs.

Monsieur Scorpion devant madame Lion

L'union d'un signe d'Eau avec un signe de Feu reste difficile : c'est le cas du Scorpion et du Lion. Pourtant, leur mésentente n'apparaît pas irrémédiable. Ils auront des problèmes, mais parviendront toujours à les résoudre sans éclat.

Madame Lion stimulera les ambitions de monsieur Scorpion; elle apporte du nouveau dans sa vie, et de l'inattendu. Leur problème viendra d'une lutte pour le pouvoir, l'autorité, obstacle que connaissent tous les couples formés de deux personnalités fortes.

En présence de madame Lion, tellement élégante et amoureuse de luxe et d'éclat, monsieur Scorpion voudra donner le meilleur de lui-même et progresser chaque jour pour donner à sa brillante épouse tout ce qu'elle désire. Il s'en verra grandement récompensé par l'amour qu'elle lui rendra et dont elle lui donnera de bien charmants témoignages, mais aussi par la fierté qu'il éprouvera à vivre à ses côtés; enfin, elle le servira probablement beaucoup dans sa vie professionnelle, et il l'en remerciera.

Madame Scorpion devant monsieur Vierge

La Vierge est un signe de Terre, le Scorpion un signe d'Eau; il existe peu de points communs entre les natifs de ces deux signes. Cependant, dans la vie et dans les passions, on ne tient parfois pas compte du Zodiaque.

Madame Scorpion a tout intérêt à savoir qu'un natif de la Vierge reste avant tout un artisan à l'esprit critique développé, si ce n'est sur le plan professionnel, du moins sur le plan spirituel. Cela convient-il à madame Scorpion ?

Si elle devient amoureuse de monsieur Vierge, on peut affirmer qu'elle fera de son mieux pour le conduire à la mairie ou à l'autel... Naturellement, tel que nous le connaissons, le natif de la Vierge se gardera de décider rapidement; il préfère toujours attendre avant de se lier pour la vie. Attendre quoi ? C'est bien ce que va lui demander madame Scorpion. Et pour le conquérir, elle va se montrer sous son jour le plus fascinant, le plus étincelant, le plus impressionnant et le plus provocant; dès lors, il ne pourra plus résister, et le mariage se fera selon les désirs de madame Scorpion.

Durant les périodes de calme, monsieur Vierge ne se révèle pas grand amoureux; pour déclencher en lui une véritable tempête de passion, il faut que quelques ennuis, de préférence graves, mettent madame Scorpion dans une situation où il pourra l'aider et la soutenir.

Albert Camus.

Madame Scorpion se montre jalouse et monsieur Vierge n'accepte pas de rendre ainsi des comptes pour le moindre retard : s'il a voulu flâner ou travailler un peu plus que d'habitude, il estime que cela ne regarde que lui; mais à partir du moment où madame Scorpion lui fait une scène, il va aiguiser son terrible esprit critique et développer devant sa compagne stupéfaite une série de remarques fort justes et d'observations pertinentes à son endroit, dont elle se verra bien obligée de reconnaître l'exactitude. Il peut continuer ainsi un long moment puis, tous griefs exposés et disséqués au grand jour, ils repartiront ensemble sur des bases théoriquement nouvelles, mais en réalité toujours semblables à elles-mêmes, et allant vers d'autres crises.

Si madame Scorpion parvient à éviter la dispute, à garder un ton mesuré, pour ne pas choquer monsieur Vierge qui n'aime pas le bruit, ils pourront former un couple dont l'union et la durée étonneront tous leurs amis.

Madame Scorpion apprendra alors à monsieur Vierge les joies de la vie conjugale et lui fera comprendre qu'il n'y a pas lieu de se sentir coupable de son plaisir. Leur bonheur, dès cet instant, s'en trouvera consolidé et de longs jours de sérénité les attendront.

Monsieur Scorpion devant madame Vierge

Lorsque monsieur Scorpion rencontre madame Vierge, la planète Mars du premier s'unit à la planète Mercure de la seconde, et la combativité de monsieur Scorpion s'efface devant le sens des relations et de la communication qui anime madame Vierge.

Il existe entre eux une bonne attirance réciproque, sur le plan personnel, et un mariage paraît possible si, toutefois, monsieur Scorpion se montre un peu indulgent avec sa compagne, dont les hésitations et les perpétuels atermoiements mettront sa patience à l'épreuve. Il appréciera surtout le caractère soigneux et méticuleux de madame Vierge, qui garde toujours une apparence et une humeur égales, comme si les menus faits de la journée passaient sur elle sans la changer en rien.

L'entente entre monsieur Scorpion et madame Vierge subira peut-être quelques à-coups, tandis que des discussions troubleront le ciel serein de leur bonheur conjugal; mais si l'un et l'autre y mettent de l'intelligence, ils sauront éviter des incidents trop visibles et, aux yeux des tiers, leur union semblera calme et sans problèmes. Le reste demeure leur affaire, qu'ils régleront eux-mêmes en privé.

Madame Scorpion devant monsieur Balance

Bien avant d'avoir rencontré madame Scorpion, monsieur Balance a déterminé l'image qu'il se faisait de sa future épouse. Cependant, lors de leur premier contact, madame Scorpion a l'impression de faire la conquête de monsieur Balance.

Celui-ci tient à ce que sa compagne montre un caractère amusant, intelligent, intéressant, comportant quelques éléments mystérieux qu'il prendra un plaisir constant à découvrir. Il la veut encore élégante et adroite.

Dès que des relations s'établissent entre monsieur Balance et madame Scorpion, cette dernière sent que son partenaire sait bien déterminer et mettre en valeur ce qui, en elle, est bon et beau. Il crée inconsciemment l'harmonie qu'il souhaiterait trouver chez elle.

Leurs rapports demeureront très courtois, mais monsieur Balance accordera à madame Scorpion juste assez d'attention pour la rendre heureuse et brillante : il saura également voir les autres femmes, dont certaines pourraient bénéficier à leur tour de cet éclat qu'il sait parfaitement bien susciter.

Il aimera que madame Scorpion se révèle bonne maîtresse de maison, bien qu'il ne voie pas la nécessité de se donner tant de mal pour y parvenir. Il préférera infiniment qu'elle s'occupe d'elle-même, pour qu'il trouve en rentrant une femme élégante et soignée, même si le ménage a dû en souffrir quelque peu.

Il n'enseignera pas l'économie à sa compagne et ne protestera pas lorsqu'elle dépensera le budget du mois pour un seul achat, s'il s'agit toutefois d'un somptueux électrophone ou d'un tableau de maître. Quant aux dépenses domestiques et à la note de gaz, il sera toujours temps d'y penser le mois suivant.

Elle aura beau imaginer diverses méthodes d'économie, madame Scorpion connaîtra toujours avec monsieur Balance des fins de mois difficiles.

L'un et l'autre, ils s'habitueront au rythme irréguliers de leurs jours et de leurs finances, mais monsieur Balance ne se fera jamais aux scènes de jalousie dont madame Scorpion ne pourra s'empêcher de l'accabler un jour.

Il faut que celle-ci porte ses critiques sur un autre plan, si elle tient toutefois absolument à en formuler, car sur celui-là monsieur Balance n'a aucune intention de céder.

D'autant plus qu'il n'a en général rien à se reprocher.

Monsieur Scorpion devant madame Balance

Madame Balance voit en monsieur Scorpion un personnage romantique. Pour lui, elle conserve un certain mystère. Ces impressions les attirent l'un vers l'autre, et monsieur Scorpion se sent devenir plus créateur, s'intéresse davantage à des activités telles que le théâtre ou la littérature, au seul contact de sa partenaire, peut-être en raison de l'influence de la planète Vénus, qui gouverne le signe de la Balance.

Ensemble, monsieur Scorpion et madame Balance se débarrassent de leur passé et commencent une nouvelle vie.

Certes, le Scorpion a des points de vue et des conceptions très différents de ceux de la Balance; mais chacun d'eux, fasciné par l'autre, ne refuse jamais de réaliser une sorte d'échange entre les diverses préoccupations qui les absorbent. Ils pourront associer leurs capacités respectives et, s'ils travaillent ensemble, réussir parfaitement, notamment dans les métiers de la communication. Devant les horizons nouveaux qu'elle lui fait découvrir, monsieur Scorpion n'imaginera jamais de se séparer d'elle.

Il se trouve que la fragilité de madame Balance met en valeur la force de monsieur Scorpion; d'autre part, l'ardeur qui anime constamment celui-ci renforce les dons artistiques de sa femme. Cette union imprévue deviendra donc excellente.

Madame Scorpion devant monsieur Sagittaire

Monsieur Sagittaire possède les qualités que madame Scorpion a toujours souhaitées chez un homme : la force, une volonté efficiente, des idées intéressantes, du charme. Ils se comprennent.

Si leurs premiers entretiens les conduisent au mariage, madame Scorpion acceptera cette idée comme une récompense ou une chance que d'autres attendaient et qu'elle seule a obtenue.

Monsieur Sagittaire se sentira à son aise devant le caractère loyal de madame Scorpion; il admirera sa santé et sa résistance physique, car il aime les exercices de plein air, et appréciera beaucoup qu'elle puisse l'accompagner avec plaisir.

Sur le plan sexuel, une même sincérité les guidera dans l'exploration de ce qui leur plaît ou leur déplaît, et leur amour ne semble pas devoir rencontrer de nuages.

Les complications vont commencer lorsque madame Scorpion, en parfaite maîtresse de maison, voudra tout organiser et décider pour son mari; or, monsieur Sagittaire place son indépendance au-dessus de toute atteinte : elle constitue un domaine sacré.

Monsieur Sagittaire, qui l'eût cru ? n'apprécie pas que l'on pense à sa place; s'il s'agit de prendre des décisions communes, c'est son rôle à lui, estime-t-il.

Là pourrait résider une cause de désaccord.

Le sentiment que monsieur Sagittaire a de son indépendance paraîtra parfois obsessionnel à son épouse; sans devenir infidèle, il veut avoir le droit d'admirer d'autres femmes que la sienne.

Monsieur Sagittaire connaît en général des succès financiers, mais il change facilement de situation. Il entreprend toujours plusieurs projets à la fois, qui ne réussiront sans doute pas tous; mais madame Scorpion doit pourtant témoigner d'une grande admiration, simplement parce qu'ils viennent de son mari. Elle le fera d'ailleurs sans crainte, car il mène la plupart de ces projets à leur terme.

Si madame Scorpion laisse paraître sa jalousie, son ménage courra les plus grands dangers. Monsieur Sagittaire ne se montre guère disposé à supporter des scènes. Il arrive parfois qu'il quitte alors madame Scorpion et s'éloigne à jamais.

Cependant, comme chacun d'eux reste profondément attaché à l'autre et qu'ils savent, pour se l'être dit franchement, ce qu'ils aiment ou n'aiment pas, ils accompliront peut-être tous deux, sans se concerter, l'effort nécessaire pour se conformer aux souhaits de leur conjoint; entreprise difficile, mais s'ils la réussissent, rien ne saurait les rendre plus heureux que cette extraordinaire preuve d'amour.

Monsieur Scorpion devant madame Sagittaire

Madame Sagittaire est un vrai talisman pour monsieur Scorpion : elle lui porte chance en matière d'argent.

Avec le concours du Sagittaire, monsieur Scorpion aura une vision idéale des personnes et des situations. Cette chance soudaine risque de l'aveugler, de lui faire dépenser plus qu'il ne gagne. Mais maintenant que nous l'en avons averti, le couple saura éviter ce piège et vivre une union heureuse.

Près de madame Sagittaire, monsieur Scorpion trouvera le moyen de perfectionner des techniques qui lui permettront de créer des intrigues apportant un climat de romantisme. Il parviendra parfois même à en tirer des profits substantiels.

Aux yeux de cet être assez secret s'ouvrent les nouveaux horizons que madame Sagittaire lui montre, dans sa passion pour les découvertes et les voyages.

Monsieur Scorpion marquera parfois un mouvement de recul devant les enthousiasmes de madame Sagittaire; qu'il n'en laisse rien paraître et demeure serein, son bonheur risquerait d'en souffrir.

Madame Scorpion devant monsieur Capricorne

Madame Scorpion verra venir vers elle un homme sociable, plaisant et ambitieux : monsieur Capricorne. Sa perspicacité et sa confiance en elle lui diront que c'est pour le plaisir de la rencontrer que ce personnage pénètre dans le cercle dont elle fait partie. Son intuition entrera alors en jeu et lui apprendra qu'elle se trouve en face de l'homme qu'elle attendait.

L'avenir ne confirmera d'ailleurs pas toujours cette impression; elle se vérifiera cependant souvent.

Pourtant, monsieur Capricorne ne sait pas, ou ne

veut pas, exprimer ses pensées secrètes. Même avec madame Scorpion, il communique en général assez peu, sauf au cours d'une circonstance précise où il se montre alors particulièrement explicite et soudainement éloquent : quand il désire faire l'amour.

Car quels que soient les problèmes qui le troublent souvent, l'inquiètent parfois, monsieur Capricorne les oublie totalement quand il conduit un savant duo avec madame Scorpion.

Monsieur Capricorne reste sans doute l'unique représentant de la parfaite fidélité masculine. Que madame Scorpion se réjouisse donc de l'avoir auprès d'elle !

Si elle montre la plus petite jalousie, son compagnon s'en montrera bouleversé, peiné, étonné.

Sur le plan des relations sociales, madame Scorpion s'accordera très bien avec monsieur Capricorne. Il aime avoir une maison agréable, où il accueillera volontiers ses amis; cependant, madame Scorpion s'étonnera toujours de la difficulté qu'il éprouve à signer des chèques. Il admet cependant de faire certaines dépenses de représentation. Et brusquement, s'il doit à la dernière minute assister à une réunion élégante en compagnie de sa femme, il n'hésitera pas à dépenser une petite fortune pour qu'elle s'habille aussitôt des plus beaux vêtements et paraisse à son bras, portant ce splendide manteau de fourrure, vous savez, ma chère, qui...

Monsieur Capricorne garde un côté sombre : il éprouve le sentiment de ne pas se voir apprécié à sa juste valeur. Entre autres rôles, madame Scorpion devra lui démontrer le contraire et, si elle n'y parvient pas, lui prouver que chez lui, au moins, on l'estime avec intelligence et compréhension.

Bien sûr, il existe entre eux quelques différences de caractère; mais quoi, nous ne sommes pas tous faits dans le même moule et rien ne se révèle plus enrichissant que de légères contestations, toutes superficielles !

Jean Seberg dans le rôle de Jeanne d'Arc.

Monsieur Scorpion devant madame Capricorne

Dans une union avec madame Capricorne, monsieur Scorpion aura la surprise de découvrir qu'il attend d'elle du rire, de l'activité, le sens des voyages.

Il ne court qu'un risque : entreprendre trop d'affaires différentes et ainsi se disperser. Mais quelle existence riche et bien remplie !

On sait que le Capricorne ne se montre guère humoriste; pourtant ici, et par exception, madame Capricorne va revêtir cet aspect imprévu et très charmant.

Monsieur Scorpion, assez spirituel à ses heures, aujourd'hui entraîné par sa partenaire, connaîtra de bien agréables récréations. Il s'accordera parfaitement bien avec elle, et peut-être cette étonnante gaieté en est-elle le reflet.

La présence de madame Capricorne va rendre son compagnon plus souple, plus facile, plus maniable aussi. Probablement sent-il l'enrichissement que lui apporte son union avec elle.

Leur existence sera pleine d'animation, et visites, voyages, correspondance ne leur manqueront jamais. Une seule recommandation : au milieu de cette agitation, que monsieur Scorpion accepte de faire les efforts nécessaires pour que son mariage dure longtemps, car il pourrait traverser des crises.

Madame Scorpion devant monsieur Verseau

Monsieur Verseau a beau posséder les qualités les plus rares, il ne pourra pas éviter quelques discussions ou des scènes avec madame Scorpion, parce qu'il montre des goûts qu'elle ne comprend pas. Que l'on ne cherche pas dans une existence compliquée les causes de la contrariété de madame Scorpion ! Monsieur Verseau, qui, par ailleurs, fait preuve d'une bonne éducation et d'une grande sensibilité, ne parvient pas à donner au minuscule univers que constitue son foyer un soupçon de l'attention continue qu'il accorde au vaste monde tout entier. Il se préoccupera du Bengladesh et de la Tasmanie avant de savoir s'il reste de l'argent sur le compte courant de sa femme.

Evidemment, toutes ses semblables comprendront que madame Scorpion fasse de temps à autre quelque éclat.

Elle a du mal à concevoir que cet état d'esprit n'empêche aucunement monsieur Verseau de les aimer, elle et leurs enfants.

Si madame Scorpion met en jeu son intuition et sa bienveillance, elle comprendra la position de monsieur Verseau; mais elle ne l'acceptera pas forcément pour autant et la bataille pourra durer. Il se trouve heureusement un domaine où toutes ces menues plaies se cicatrisent, ces déchirures se réparent : celui de l'amour.

Madame Scorpion apprécie beaucoup le comportement sexuel de monsieur Verseau; il tient toujours compte de ses préférences, de ses désirs, se montre conscient de l'amitié qui les lie, et qui est grande : il prend d'ailleurs toujours le plus grand soin de ses amis.

Madame Scorpion reprochera parfois à son compagnon d'accorder trop d'attention à ces derniers, tandis que monsieur Verseau lui fera le reproche inverse. Il reste à sa partenaire une solution définitive qu'elle n'utilisera que dans les circonstances les plus graves. Elle s'efforcera de dramatiser brusquement son propre état et se plaindra innocemment à son mari, en criant qu'« elle ne sait plus quoi faire », et qu'elle a besoin de son aide.

Monsieur Verseau aura vite compris et, faisant fi de la part prise par la ruse ou la vérité, il se tournera vers elle, débordant de bienveillance et de compassion : peut-être, après tout, se sent-elle vraiment désespérée;

il va donc intervenir car les femmes, même les plus intelligentes, ont toujours besoin du soutien d'un homme, n'est-ce pas ?

Monsieur Scorpion devant madame Verseau

Le Verseau habite la Maison du Scorpion relative à la sécurité, au foyer, aux parents et aux projets à longue échéance.

On a la vague impression que la sécurité de ce couple n'est pas assurée, situation née de la rencontre de l'Uranus du Verseau avec le Pluton du Scorpion.

Monsieur Scorpion, en compagnie de madame Verseau, verra favorisé tout le domaine de sa vie professionnelle.

Une attirance physique entre monsieur Scorpion et madame Verseau semble exister et peut-être ce seul accord leur donne-t-il un sentiment de stabilité. A moins que leurs planètes n'interviennent également.

Madame Verseau compte un peu sur l'aide de monsieur Scorpion pour pénétrer dans le milieu où il vit, mais aussi pour trouver un emploi.

Le Scorpion et le Verseau sont deux signes fixes; dès lors, certains commentateurs n'hésitent pas à dire que leur union se verra teintée d'entêtement. Au début de leur rencontre, madame Verseau intriguait monsieur Scorpion ; maintenant qu'il l'a épousée, il doit faire preuve de patience, car elle s'adapte difficilement à tout nouveau milieu. Du temps, encore du temps... il semble que ces deux-là en aient plus que les autres.

Madame Scorpion devant monsieur Poissons

Madame Scorpion, qui aime le mystère, apprécie les

Alain Delon.

énigmes, savoure tout ce qui met son imagination à l'épreuve et qui adore les changements trouve en monsieur Poissons, dès qu'elle le rencontre, un homme répondant aux aspirations profondes de son cœur.

L'un et l'autre appartiennent à des signes d'Eau; ils suivent leurs impulsions plutôt que leur raisonnement; ils « sentent » plus qu'ils ne voient, et s'ils croient deviner qu'ils sont faits pour s'unir, ils ont très probablement raison.

Madame Scorpion comprendra très bien son mari sur le plan émotif; cela ne l'empêchera pas de voir ses défauts. Alors qu'elle se montre très travailleuse, monsieur Poissons apprécie d'avoir le temps de rêver, temps durant lequel il ne s'estime d'ailleurs pas inactif. Dans ce cas, il vaut mieux ne pas le troubler, car ces rêves portent souvent leurs fruits. Nul ne sait bien entendu ce qu'ils apporteront, pas même monsieur Poissons, ni de quelle façon se manifestera leur action bénéfique. Mais elle se vérifie pourtant fréquemment et il faut donc y croire.

Monsieur Poissons ne parviendra peut-être pas à accepter l'agitation de sa compagne, ni ses questions. Il comprend parfaitement qu'elle s'intéresse passionnément aux autres, mais surtout pas à lui. Car il a des motivations profondes et il ne tente pas lui-même de les deviner; aussi n'admet-il pas que l'on cherche à en savoir plus que lui. S'il n'a pas sollicité telle mesure à laquelle il avait pourtant droit, c'est qu'il n'était « pas mûr », dirait-il s'il acceptait toutefois d'être questionné. Il sait ce qu'il fait, mais seulement de façon intuitive. Son expression : « Ce n'est pas le moment » signifie en réalité : « Je ne sens pas cela ainsi. » Car pour lui, sentir, deviner, supputer ou prédire, tout reste dans le même ordre d'idées.

Il n'a pas besoin de conseils, mais il éprouve un très grand besoin de confiance. Il faut que l'on croie en lui et qu'on le lui dise. Là, on lui apportera une aide réelle.

Madame Scorpion se trouvera un jour devant un monsieur Poissons découragé et déprimé; un instant plus tard, il se montrera tout ragaillardi, sans que personne connaisse les raisons de ce changement soudain.

Une chose demeure certaine : il a besoin de madame Scorpion; elle reste nécessaire, désirée, comprise. Que demanderait-elle de plus ?

Monsieur Scorpion devant madame Poissons

Voilà deux signes très bien aspectés : ces signes d'Eau peuvent merveilleusement s'entendre. Ils semblent doués, l'un et l'autre, pour les perceptions extra-sensorielles. Vont-ils savoir utiliser ces dons ?

Avec une dame Poissons, monsieur Scorpion devient créatif. Il trouve dans ce mariage l'occasion de faire « peau neuve ». Dès lors, il progressera en matière de sciences intuitives.

L'union de monsieur Scorpion avec madame Poissons risque assez rapidement de subir un grand choc. Mais il ne tiendra qu'aux deux partenaires de refuser de se séparer et de « tenir le coup » ensemble; s'ils en ont le courage, la crise passera et, une fois la paix revenue, ils se réjouiront de se trouver réunis.

Monsieur Scorpion, accompagné par madame Poissons, aura le désir et la possibilité de réussir une existence portée aux plus hauts sommets de l'activité créatrice. Devenu, grâce à sa compagne, très sensible aux tendances et au goût du public, il utilisera ces connaissances pour monter les degrés de sa carrière professionnelle et atteindre ainsi une position enviable.

Calendrier du XVIIe siècle.

Chapitre III

Le Scorpion devant la vie

Nous venons d'évoquer les chances et le bonheur des natifs du signe zodiacal du Scorpion dans leur vie conjugale. Leur union avec chacun des natifs des autres signes aura plus ou moins de possibilités de durer et d'enrichir l'un ou l'autre des époux, ou les deux. Au cours de cette étude, le profil du Scorpion s'est nettement précisé et cette entité peu connue, souvent mal déchiffrée, nous est devenue familière. Rien ne permet de penser, comme on l'a trop souvent fait, que les natifs du Scorpion, moins bons que les autres, disposent dans la vie de chances de bonheur moindres. Il faut toujours garder présente à l'esprit cette évidence : quels que soient le signe zodiacal de naissance et le signe ascendant, les destinées peuvent se révéler différentes, mais la détermination des qualités et des défauts reste affaire individuelle et chacun s'en servira pour se construire une existence heureuse.

Le complexe anal

Certains commentateurs, et non des moindres, qui apprécient les travaux des psychanalystes, font état, en ce qui concerne les natifs du signe du Scorpion, du « complexe anal ». Ils ont certes leurs raisons, qui demeurent sans doute valables. Mais dans une collection destinée à toucher un vaste public, faut-il commenter de telles notions ? Le psychanalyste, homme de science, possède parfaitement sa spécialité ; nous ne pouvons prétendre égaler sa compétence ; simplement, lorsqu'il exprime des arguments élémentaires, ce qui se produit parfois, nous pouvons les reprendre, les reproduire. En ce qui concerne le Scorpion, nous ne pensons pas qu'il faille insister sur la notion de complexe anal. On rencontre déjà des éléments inquiétants dans le symbolisme de ce signe, représenté par l'*arachnides* dont on n'apprécie guère la présence sur un dallage coloré, au tournant d'un couloir, dans ces maisons méridionales toujours ouvertes sur la nature. Nous n'allons souvent pas chercher bien loin les mouvements de notre cœur et nous avons tendance à jeter un regard de méfiance sur ces personnes qui, de façon incongrue, se recommandent d'un animal mal aimé.

Les diverses conséquences du complexe anal fourniraient facilement aux natifs du Scorpion des raisons de protester et de s'insurger.

Qu'on veuille bien me permettre ici d'exprimer une opinion toute personnelle. Si jamais le complexe anal devait apporter à un natif du Scorpion le sens de la lutte contre le destin, ce serait peut-être à cause de la présence de la planète Mars dans son thème natal qu'il bénéficierait de cette agressivité, née précisément du complexe anal. Les influences planétaires empruntent des voies diverses; mais la source originelle se trouve bien dans le Ciel, où je voudrais aller la retrouver.

Je conseille donc à mes lecteurs qui connaîtraient la thèse du « complexe anal » de ne pas trop avancer dans ces raisonnements psychanalytiques, car la psychanalyse, en souffrant de la vulgarisation, risquerait alors de commencer à ressembler aux légendaires auberges espagnoles, dans lesquelles on trouvait surtout ce qu'on y apportait.

La force du Scorpion

Persistant dans cet esprit de contradiction, je souhaiterais faire l'éloge de cette agressivité que l'on rend responsable, actuellement, de nombreux maux dont nous souffrons.

Le natif du Scorpion a pour principale qualité une agressivité remarquable, qu'il doit à la planète Mars.

Sans combativité, aucun d'entre nous ne survivrait aux difficultés que lui opposent journellement les faits, les choses, les hommes. Sans elle, nos ancêtres de la préhistoire n'auraient peut-être pas survécu et nous ne pourrions donc en débattre ici. Ils ont dû non seulement se défendre contre tout ce qui leur était hostile, mais également prendre l'initiative de la lutte; se défendre réclame seulement du courage ou de la fermeté; prendre l'initiative de la lutte demande de l'agressivité.

Devant les problèmes qui se posent quotidiennement à chacun d'entre nous, notamment ceux que nous considérons comme dirigés contre notre personne, deux voies s'ouvrent : la première consiste à plier en souplesse, à esquiver adroitement et à contourner les obstacles. Si on adopte la seconde, on fait front directement, soit ouvertement et brutalement comme un Bélier, soit lourdement, fermement, comme un Taureau; soit enfin, durement, « agressivement », comme un Scorpion !

Sans combativité, on ne trouve pas de place dans le métro, on ne défend pas ses droits auprès des administrations, on ne réalise aucun progrès social. Comme l'a écrit le poète : « Ceux qui vivent sont ceux qui luttent » (V. Hugo).

Le Scorpion est un agressif, à froid. Il lutte sans colère, sans se fâcher, mais s'il doit attaquer, si l'offensive lui semble la meilleure tactique, il montre son dard; et cette menace suffit souvent à calmer l'adversaire. Bien armé, bien équipé, il veille, sans le laisser paraître, masquant sa décision derrière un propos courtois.

Le Scorpion fait partie de la vaillante cohorte des contestataires, protestataires, agités, revendicateurs et, au besoin, éleveurs de barricades, qui, contre vents et marées, font progresser le monde social.

Sa combativité se manifeste avec un calme déconcertant pour les autres; on imagine mal un être agressif sans agitation, sans colère. Le Scorpion, pourtant, y réussit.

Sa force lui vient aussi de l'élément auquel il se rattache : l'Eau. Le Zodiaque compte trois signes d'Eau; tous, ils favorisent chez leurs natifs des dons d'intuition qui se rapprocheraient de la voyance. Ils montrent de grandes dispositions pour tout ce qui constitue ce qu'on appelle aujourd'hui la parapsychologie.

Ils n'en font pas forcement profession ; car même s'ils semblent favorisés dans ce domaine, les natifs des signes d'Eau n'ont pas l'exclusivité des professions de voyants, astrologues, guérisseurs,etc., bien que les Cancers, les Scorpions et les Poissons se montrent particulièrement doués.

Cependant, ils utilisent toujours leurs dons, notamment cette puissante intuition, illogique, déraisonnable, capricieuse et qui ne les trompe jamais.

Elle représente un des meilleurs atouts du Scorpion, d'autant plus que celui-ci, qui se livre peu, ne la laisse pas toujours paraître.

Enfin, la troisième force du Scorpion, nous la connaissons depuis le début de cette étude : cette carapace qui le recouvre. Comme les chevaliers du Moyen Age, il possède une armure articulée, tout à la fois masque et rempart.

Les faiblesses du Scorpion

La force du Scorpion : son agressivité. Sa faiblesse : peut-être trop d'individualisme dans un univers de classes, de catégories, et bientôt de numéros.

Le Scorpion, indépendant, se montre par nature désobéissant et rebelle à toute discipline. Il repousse

toute contrainte et, en ce domaine, les conseils le conduiraient probablement tout droit à la révolte et à l'anarchie.

Mais tous les Scorpions ne se parent pas de couleurs aussi dramatiques et, souvent, leur individualisme se contente, par exemple, de leur faire embrasser une carrière libérale; ils suppriment ainsi l'autorité hiérarchique pour s'en remettre au seul pouvoir public; et celui-ci se trouve bien loin !

Ce refus de plier et de s'insérer dans un moule, cet individualisme âprement soutenu par l'agressivité, font partie du psychisme du véritable natif du signe. Le sujet trouve désormais sa force dans le « non ». Et il sait très bien utiliser cette négation.

Il l'assène avec un esprit de décision, servi par une volonté ferme, tenace, persévérante.

Grâce à une intuition rarement prise en défaut, le natif du Scorpion devine la valeur de ses interlocuteurs; dès lors, ils les classent définitivement en sympathiques ou antipathiques. Il ne saurait expliquer cette réaction, mais elle se révèle rarement fausse. D'ailleurs, ces définitions restent des notions subjectives et nul ne pourrait les soutenir dans une argumentation logique. Un Scorpion dirait : « Cela se sent, cela ne s'explique pas. »

Cette intuition représente un des atouts du Scorpion.

L'angoisse, état permanent

Sans vouloir généraliser, on doit reconnaître que l'angoisse constante est fréquente chez les natifs du signe.

Certains Scorpions y trouvent du plaisir, tout comme, parfois, dans les larmes et le chagrin extériorisé. Ils manifestent là une des faiblesses de leur caractère.

Cet état psychique semble familier au Scorpion, qui ne parvient pas à réaliser ses aspirations.

Évidemment, dans ce cas, les natifs d'autres signes se manifesteront différemment. Mais l'angoisse du Scorpion demeure très particulière.

Le Scorpion, soumis à ces dissonances, se sent menacé par un danger occulte, dont un sourd instinct l'avertit, sans en préciser d'ailleurs la nature, ni la façon dont il se manifestera. Cette angoisse présente un caractère romantique et, pourtant, nul ne songerait à en sourire, car elle fait profondément souffrir le Scorpion qui l'éprouve.

Il s'agit d'une sorte de peur inavouée, liée à une faute qui n'a jamais existé, mais que le sujet se sent tenté de commettre, sans savoir d'ailleurs en quoi elle consisterait.

Si un Scorpion essaye d'étudier sa propre personnalité, pourra-t-il porter un remède à la présence de cette angoisse latente ? Probablement pas, en dehors des techniques habituelles : une nourriture saine et légère, peu de surmenage et beaucoup d'oxygène. En fait, cette angoisse colore la personnalité du Scorpion et peut-être aurait-il tort de la supprimer; tout au plus pourra-t-il rechercher un bonheur calme et tranquille qui l'apaisera, l'effacera, mais sans pour autant la faire disparaître.

Cette situation appartient au Scorpion classique, chez lequel les impulsions instinctives dominent. Mais il existe d'autres types de Scorpions, dont nous allons parler maintenant.

Le Scorpion peut bénéficier dans son Ciel de la présence, bien aspectée, du Soleil, qui modifie considérablement sa psychologie, et de celle de Saturne, qui freine ses excès instinctifs.

Sous l'action de l'une ou de l'autre, ou des deux, le caractère du natif du signe présente une intéressante variante.

Les instincts ne sont plus libres et extériorisés.

L'individu se conduit différemment des autres Scorpions.

Le sujet devient, dans ce cas, un être sobre, précis, net, méticuleux. Rationnel, il se sait perfectible; il adopte une conduite conforme aux usages généralement admis dans la vie sociale qu'il connaît. La révolte, il l'a oubliée.

Il ne montre plus les fougueux élans de l'inspiration; il adopte les méthodes et les principes du conformiste.

Ce personnage accepte volontiers un travail régulier et sans variété, se conforme aux règles qu'on lui impose, mais devient dans ce domaine très exigeant : il ne se sentira équilibré que si toutes les lois sont respectées, si tout le matériel dont il a besoin reste à portée de sa main et si toutes les conditions de travail se trouvent réunies.

La foule des Scorpions moyens

Il existe des Scorpions de chacun des types absolus, mais leur grande majorité se compose d'individus qui tiennent des deux types à la fois.

Ceux-là vivent selon un principe de bascule, passant d'un extrême à l'autre, comme ces hommes qui économisent sou à sou de petites sommes d'argent et les gaspillent un jour en une seule dépense folle.

Ils font preuve de rigueur dans l'abstrait et ignorent toute règle dans la pratique.

A moins qu'ils ne se fixent durant quelque temps des règles, un régime, un véritable ascétisme, pour céder soudain à une fantaisie débordante et se livrer à toutes sortes de caprices.

Chez une femme Scorpion, on observe des passages de terrible négligence et, brusquement, des phobies de ménage, de celles où « on vide les armoires » sur le sol pour trier leur contenu; de celles où on lessiverait même la façade et le toit de la maison, après avoir laissé s'installer des toiles d'araignée dans tous les coins des plafonds intérieurs.

On pourrait penser, en conclusion, qu'on enregistre autant de caractères différents que de natifs du signe, mais ce jugement se révélerait hâtif. Tous ces personnages présentent des liens, qui se placent au niveau de l'étrange, de l'inhabituel, de l'original et de l'occulte, et qui créent bien effectivement une catégorie de caractères qui constitue l'ensemble des natifs du signe du Scorpion.

Scorpions, voici vos chances financières

Le Scorpion est, par la nature même de son signe zodiacal, un créateur. S'il se sent disposé à utiliser son pouvoir inventif dans sa profession et qu'il y mette la puissance de travail qui le caractérise, lorsqu'il se trouve dans de bonnes dispositions, il peut obtenir un rendement remarquable.

Intuitif et un peu anarchiste, il a son style propre et, une fois qu'on lui a confié une tâche, il convient de le laisser s'organiser à sa guise. Il s'adapte mal au sein d'une équipe et fera plus volontiers carrière dans une fonction individuelle.

Il entreprend d'abord ce qui lui plaît, et ses employeurs ne devront jamais l'oublier. Le cas se produit fort heureusement souvent et, en général, personne, dans un atelier ou une administration, ne saura différencier le natif d'un signe d'un autre.

Compétent, le Scorpion n'hésite pas à donner le « coup de collier » nécessaire pour accomplir sa tâche dans un délai un peu court. Il trouve même cela normal. Mais, agressif à l'extrême, il éprouvera des difficultés à suivre son chemin en toute sérénité.

Il rencontrera des obstacles, si nombreux qu'on pourrait croire qu'il les attire.

Le Scorpion travaille volontiers par secousses successives; il fait donc partie de ceux qui trouvent leurs plus grandes chances dans les époques troublées.

Sa réussite se construit parfois d'un seul coup, à la suite d'une « grande occasion », un événement fortuit qui le met en avant. Il sait alors saisir l'instant, prendre la place qui lui échoit et assurer avec brio sa nouvelle fonction. Ce programme ne laisse pas deviner une brillante fortune.

Et en effet, le Scorpion ne se révèle pas expert en la matière. Il apparaît, au contraire, très irrégulier dans la gestion de ses propres biens. Il gagne de l'argent, sans doute, mais surtout, il le « jette par les fenêtres ».

Dans certains cas, il se montre même détaché des biens matériels et absolument désintéressé. Car il place ailleurs ses satisfactions. Par contre, si les éléments affectifs de sa vie ne le contentent pas, il peut se tourner ailleurs, et notamment rechercher dans le gain une compensation nécessaire.

Dès lors, on voit le Scorpion édifier une vraie fortune ; il le fait d'ailleurs selon une méthode et un style souvent complètement irrationnels, comme si seule sa chance intervenait.

Ajoutons que le Scorpion se montre souvent superstitieux. Il n'ignore pas l'occultisme, ni la magie, et en cela s'accorde fort bien avec les natifs des Poissons.

Après ce portrait des natifs du signe, devant cette personnalité extrêmement originale, on ne saurait dire comment pallier les risques d'échec. Un Scorpion ne réclame guère de conseils. On pourrait conclure en souhaitant que, dans leur prime jeunesse, les enfants nés sous ce signe n'approfondissent pas les nombreuses particularités attachées au Scorpion et les interprétations qui en sont faites. Car ces tendances, si elles se trouvaient exposées avant même de se manifester, en

La Poule noire. *Livre de magie de la fin du XIXe siècle.*

deviendraient dès lors encouragées. Et cela ne semble guère souhaitable, en ces temps où tout favorise les manisfestations d'agressivité excessive.

La fortune n'est pas aussi capricieuse qu'on le dit. Pour la saisir et la conserver, il faut bien des efforts et des sacrifices, que chacun de nous envisagera d'accomplir, ou non, en fonction de sa personnalité.

Doué d'un caractère individualiste et contestataire, le Scorpion n'aime pas participer à un « système », s'insérer dans un ordre des choses établi d'avance et dont il dépendrait. Sa nature profondément indépendante le rend souvent amoureux d'une certaine solitude. Dès lors, les contraintes inhérentes à la réussite financière lui paraîtront parfois lourdes et pénibles. Et il affirmera qu'il n'a aucun espoir en ce domaine.

Mais dès l'instant où il entreprend la lutte, où cette démarche l'amuse, le Scorpion se passionne pour son travail et commence à gagner de l'argent, beaucoup d'argent. Alors, certain de ne devoir cette réussite qu'au hasard – puisque ce combat l'a amusé –, il déclare avoir de la chance.

Il aura du mal à conserver ses biens : il n'éprouve pas de grands besoins, il s'oriente vers le sacrifice de soi et, s'il a des enfants, il ne ménagera pas les dépenses qui leur assureront les meilleures possibilités de réussite.

Ainsi présentées, les chances financières du Scorpion ne semblent pas négligeables, d'autant plus qu'elles se trouveront soutenues par cette agressivité qu'il applique à tous les problèmes.

...et vos chances en politique

Si le Scorpion s'oriente vers une carrière politique, il transportera sur ce terrain les dons originaux que lui apporte son signe.

Au premier rang, sa solide protection personnelle, cette carapace derrière laquelle il saura abriter sa vie

Mao Tsé-Tung.

privée, loin de toute atteinte. Il apportera, dans ces combats, cela va de soi, l'agressivité dont nous avons longuement parlé, et son arme personnelle, cet aiguillon que chacun de ses adversaires apprendra à craindre. Enfin, son intuition lui servira, sans oublier le flegme dont, en toutes circonstances, il sait faire preuve : courtois, discret, disert, diplomate et charmant, il aura du succès.

Cet ensemble permet de considérer comme sérieuses et possibles ses chances en politique.

Il conviendrait toutefois qu'il tienne compte également de ses faiblesses. Et d'abord de son originalité profonde et de son irréductible indépendance, qu'il peut abandonner, certes, mais toujours au détriment de son bonheur. Or, la politique moderne semble réclamer que l'on s'inscrive dans un parti, dans un mouvement organisé, dans une ligne générale. L'individualisme s'oppose donc au sens politique du Scorpion.

Seconde barrière : la méfiance qui s'attache aux natifs du signe. Le Scorpion devra lutter contre les jugements préconçus qui le classent parmi les gens sévères, d'abord difficile et de caractère dur.

Dès lors, ses chances en politique semblent simplement moyennes, alors qu'elles pourraient se révéler brillantes.

A lui de montrer qu'il peut dominer son signe et prendre en main sa carrière : il en est capable.

Variantes selon le jour de naissance : les dates limites...

(Si votre anniversaire ne tombe pas à l'une de ces dates vous pouvez sauter ce paragraphe.)

Si l'anniversaire se situe entre le 23 et le 25 octobre

Le sujet Scorpion présente des tendances Balance. Il se trouve sous l'influence des planètes Mars et Vénus. Dès lors, il accordera une grande importance à la richesse. Il admirera les personnes qui occupent une position élevée et exercent une autorité. Ces natifs aiment se trouver au milieu de gens cultivés et raffinés. Ils se montrent critiques et parfois agressifs. Leur assurance et leur attitude positive les font volontiers passer pour peu sympathiques; à tort, car ils restent d'un abord facile. Ils ont généralement des idées fermement arrêtées et font ce qu'ils ont décidé, en dépit des éventuels conseils contraires. Ils agissent sans doute mieux seuls qu'en équipe. Ils s'habillent avec goût et évoluent avec distinction.

Si l'anniversaire se situe entre le 19 et le 21 novembre

Ces sujets Scorpion ont des tendances Sagittaire, et pour planètes Mars et Jupiter. Ils connaîtront au cours de leur vie diverses crises. Positifs et déterminés, ils mènent une existence riche, tournée vers les voyages et les aventures. Ils se sacrifient volontiers pour ceux qu'ils aiment et se montrent souvent plus généreux à l'égard des autres qu'au leur. Ils marquent un goût certain pour les sciences occultes, des dons de médium et parfois même de voyance.

De caractère vif, ils se vexent facilement. Leurs amis, qui les adorent, les disent fidèles et loyaux.

... et les décans du scorpion

Si l'anniversaire se situe entre le 23 et le 31 octobre

Votre planète personnelle est Mars, qui se trouve ici renforcée et tend à exalter le côté le plus dominateur, le plus directorial et le plus positif de votre nature; il faudra que vous appreniez la patience et la compréhension. Le double aspect de la planète Mars montre dans cet horoscope un corps actif et un esprit vif. Vous pouvez donc trouver votre voie dans n'importe quelle direction.

Si l'anniversaire se situe entre le 1er et le 11 novembre

Les planètes des natifs de ce décan sont Jupiter et Neptune. Elles semblent se trouver en conflit. La première symbolise la chance et la réussite; la seconde influence l'éveil de la spiritualité. Ces natifs présentent donc une double tendance, avec un caractère variable. Ils livreront leurs plus grands combats contre eux-mêmes. Enfin, leurs qualités à double aspect se manifesteront dès leur tout jeune âge. Et on devra très tôt les aider à dominer cette dualité.

Si l'anniversaire se situe entre le 12 et le 21 novembre

La planète qui domine ce décan est la Lune, grand modeleur du caractère. Reine Mère du Ciel, elle gouverne également la Terre. Son influence crée un naturel émotif, imaginatif, changeant et fier.

Ces natifs montreront des capacités marquées pour les arts, et notamment le théâtre. Leur personnalité magnétique leur vaudra popularité et sympathie.

La combinaison de la Lune et de Mars a d'heureux

effets, car l'agressivité de la seconde apportera à ces natifs l'énergie dont ils ont besoin.

Les degrés du Scorpion

23 octobre. Nature flexible, mais déterminée, réussissant auprès des masses et dans des associations avec des amis prospères et influents. Une éducation attentive peut les préparer au service public.

24 octobre. Volonté forte, personnalité énergique, dons pour les carrières commerciales; une tendance à l'extravagance devrait être corrigée.

25 octobre. Esprit clair, perceptif, grande sincérité, avec risque d'intolérance, évité toutefois grâce à de petits efforts personnels. Les activités physiques se verront encouragées.

26 octobre. Réservé, chaste, studieux, parfois envieux, amoureux de la littérature; instable en raison de son émotivité, ce natif reste souvent difficile à comprendre.

27 octobre. Esprit intelligent, intellectuel, scientifique, expérimental, indépendant, méthodique, diplomate, toutes qualités qui en font un ami sûr et solide, mais aussi une proie facile.

28 octobre. Caractère splendide, nature sympathique, sensibilité profonde, tendance à une trop grande réserve; réclame un environnement joyeux.

29 octobre. Esprit clair, critique, nature sympathique, volonté forte et tempérament fier, qui créeront parfois des incidents. Tempérament d'intellectuel, qui devra, s'il veut réussir, développer son sens pratique.

30 octobre. Altruiste, charitable, avec un physique robuste, ce natif a besoin d'acquérir le sens de la concentration pour lutter contre sa tendance à entreprendre plusieurs choses à la fois.

31 octobre. Intuitif, alerte, réfléchi, agréable, ce

Scorpion prend plus volontiers des directions sans en prévoir les conséquences. Difficultés avec le sexe opposé.

1er novembre. Qualités intellectuelles exceptionnelles à développer dans le sens de la recherche scientifique. Un aspect de cet horoscope indique un souci de défier les conventions.

2 novembre. Tendances humanitaires, défense des droits de l'homme, mais également manie de se mêler des affaires des autres. Succès dans les arts, les lettres et les sciences.

3 novembre. Esprit brillant et grande impulsivité, excellente intuition. Le succès semble possible dans les travaux en relation avec le public.

4 novembre. Sensible, impressionnable, curieux, vous aimez les voyages. Cet horoscope révèle un penchant vers l'extravagance, contre laquelle il vaut mieux lutter.

5 novembre. Esprit vif, capable de concentration, tendance à un trop grand sérieux : il faut vous distraire. Personnalité très magnétique, nature indépendante; vous réussirez dans les affaires.

6 novembre. Esprit calme et fin, nature paisible, manières charmantes, ouvertes, fondées sur des principes humanitaires. Gains grâce à des amitiés influentes.

7 novembre. Astucieux, pratique, intuitif, artiste, très nettement ouvert aux autres, généreux, présentant bien, mais parfois des difficultés à poursuivre un effort.

8 novembre. Bienveillance, charité, désir d'aider ceux qui demandent assistance, sensible à la flatterie et proie facile pour les gens sans scrupules. Dans cet horoscope, les déceptions semblent fréquentes.

9 novembre. Nature originale, audacieuse, supérieure. Beaucoup de succès dans les affaires.

10 novembre. Personnalité agréable, grands pouvoirs intuitifs, très sensible, tendance à la rêverie; ce natif doit veiller à ne pas développer un complexe de martyre.

11 novembre. Nature énergique, zèle dans l'accomplissement des tâches, persévérance, volonté, même en face des difficultés; l'ensemble permet de réussir et d'acquérir l'indépendance financière.

12 novembre. Nature sensible, idéaliste, dispositions amicales; dans certains cas, tendance à un excès de générosité; il faut apprendre à distinguer le vrai du faux. Amour des voyages en mer, dont l'un pourrait apporter le succès.

13 novembre. Grande ambition, esprit vif, personnalité magnétique, désir de changement.

14 novembre. Nature sérieuse, ambitieuse, grandes capacités intellectuelles, sens pratique, goût de l'indépendance, désir d'aider les personnes moins favorisées, respect marqué pour les supérieurs. Capable de forger sa propre destinée.

15 novembre. Personnalité expansive et gaie, géniale, avec un charme et une affectivité très stables; peut atteindre une grande popularité. Tempérament artistique.

16 novembre. Nature romanesque, idéaliste, rêveuse, craignant toujours de ne pas plaire. Préférence pour les associations avec des personnes fortunées. Riques de déceptions pour avoir mal placé sa confiance.

17 novembre. Esprit intuitif, adaptable, versatile, facilement fatigué; allant sans cesse d'une chose à l'autre. L'apprentissage de la concentration reste nécessaire.

18 novembre. Plein de ressources, énergique, prudent, sincère, intuitif; succès probable dans le droit, le journalisme, les affaires. Cet ambitieux risque de ne plus distinguer le bien du mal.

19 novembre. Esprit original, entreprenant, montrant des dispositions harmonieuses. Selon l'horoscope, tendance à choisir la voie de la facilité.

20 novembre. Grand charme, magnétisme personnel, esprit inventif, idées concernant des entreprises originales, mais une santé sensible au froid. Le succès viendra par la science.

21 novembre. Nature brillante, gaie, affectueuse, généreuse, bonne; désir d'aider les autres. Tendance marquée à la rêverie et au désir de mener trop d'entreprises en même temps. Il faut se stabiliser.

L'écriture du Scorpion

L'ensemble d'une page écrite par un natif du Scorpion reste régulier, avec des lignes très droites; l'écriture est assez haute, sans excès, anguleuse et penchée.

Ces observations se vérifient si le sujet montre une bonne santé. Sinon, on obtient des lettres moins régulières, plus anguleuses. Si le natif se trouve anémié, déprimé, victime d'une fatigue passagère, les lignes vont en descendant, tout en restant parallèles. En cas d'excès d'acide urique dans le sang, les *m*, les *n*, les *u* ne se distinguent plus les uns des autres. Si les lettres s'empâtent vers le bas, le Scorpion souffre de troubles hépatiques ou biliaires. S'il connaît des migraines fréquentes, les *c* perdent leur arrondi pour adopter un angle droit dans leur courbe inférieure.

L'esprit intuitif du Scorpion apparaît dans son écriture : il a tendance à ne pas lier les lettres entre elles. Visiblement, il a écrit assez rapidement, parce qu'il a l'esprit vif, mais sans excès; il prend le temps de former clairement ses mots, en raison de son naturel réfléchi.

Sa sensibilité apparaît dans l'orientation de son écriture vers la droite.

Les *o*, les *d*, les *q*, les *a*, restent rigoureusement fermés; le Scorpion ne livre pas volontiers sa pensée : il demeure secret, réservé. Il arrive même qu'il complète la boucle fermée par un « œilleton », ou petite boucle ébauchée à l'intérieur de la première; c'est la marque d'une personnalité qui préfère ne pas se livrer, ne pas se voir déchiffrée, l'illustration de l'âme secrète du Scorpion, à l'intérieur de la carapace sous laquelle il abrite son psychisme.

Les pleins, dans la mesure où on les utilise encore aux côtés des déliés, sont chez un Scorpion très appuyés, et trahissent ainsi la sensualité naturelle de sa personnalité.

Son esprit d'indépendance apparaît également. On le voit à la forme de la lettre *d*, qui ne comporte pas de boucle, l'arrondi du bas se poursuivant vers le haut par un jambage qui ne redescend pas, mais reste en l'air, tandis que la plume quitte le papier avant de tracer la lettre suivante. Ce demi-jambage se termine souvent par un léger crochet vers la droite, et la lettre ne se relie ni à celle qui la précède, ni à celle qui la suit.

La vie quotidienne et le décor

Le natif du Scorpion a besoin de vivre près de l'eau; lac, source, rivière ou océan : il lui faut cet élément. Celui qui lui convient le mieux ? L'eau étalée, tranquille, immobile ; celle des grands étangs et des lagunes lui conviendra parfaitement.

Il devra y bâtir sa maison avant de l'entourer d'un mur ou d'une haie qui cache le jardin aux regards extérieurs, sauf du côté ouvert sur l'étendue aquatique. Mais si ce rêve existe, il n'appartient pas à tout le monde de le réaliser.

S'il doit vivre en appartement, le Scorpion s'efforcera de réaliser un décor conforme à ses goûts. Car ceux-ci demeurent peu connus, en raison de sa personnalité complexe.

J'imagine que le natif de ce signe aimerait agrémenter sa demeure d'objets de style médiéval qui nous sembleraient curieux; à défaut, la Renaissance espagnole pourrait également convenir.

Il apprécie les meubles sombres, en bois massif, et

cirés, les ornements en fer forgé, noir et lustré.

Si ces deux modes anciennes ne vous conviennent pas, vous choisirez plutôt un ameublement moderne, aux surfaces horizontales noires. Le noir est bien votre couleur, mais aussi le vert sapin.

Tables de verre, chaises tubulaires, dressoirs aux lignes géométriques, tentures gris fer, anthracite, murs et boiseries noirs, voilà planté votre décor. Vous y ajouterez un éclairage puissant, dirigé, et des tapis de haute laine très blanche, très pure, très confortable. Des fauteuils où l'on s'enfonce plus qu'on ne s'asseoit, ou, si vous avez choisi l'ancien, des sièges hiératiques : vous apprécierez ces oppositions qui feront votre joie.

Des miroirs recouvrant des pans de murs entiers troubleront vos visiteurs et créeront une atmosphère étrange qui vous va bien.

Régime et bonne santé du Scorpion

L'appétit des natifs du Scorpion dépend un peu de l'environnement. Bien sûr, quel que soit le signe, chacun préfère découvrir, à l'heure du repas, une nappe immaculée, un couvert élégant. Le Scorpion n'échappe pas à la règle; mais elle reste pour lui secondaire et sans particularité; simplement, il choisira plus volontiers pour la salle à manger, comme pour les autres pièces, des rideaux lourds, pourpres ou verts. Mais il ne s'intéresse en fait qu'au contenu de son assiette. Car il possède un solide appétit, en rapport avec sa puissante vitalité. Il « digérerait des briques » ! En outre, il n'est pas de ceux qu'une laborieuse digestion empêche de dormir. Je dirais presque « au contraire ». Ne le prenez cependant pas pour un goinfre, mais il doit toutefois apprendre à se modérer, à supprimer entre autres les mets trop épicés, trop lourds, à réduire sa consommation de viande. Réguliè-

---

Claude Monet à Giverny.

rement une légère diète lui fera du bien. Comme il a dû s'en apercevoir, lorsqu'il se « sent à plat », une seule journée au contact de la nature suffit à le remettre en forme.

On pourrait lui prescrire (astrologiquement parlant) des aliments sulfuriques et calciques. Il ne devra pas s'en contenter, mais organiser un équilibre diététique pour chaque repas.

Parmi les aliments sulfuriques, citons : choux-fleurs, choux de Bruxelles, choux, oignons, carottes cuites, pommes de terre, navets, radis, concombres, crevettes, marrons, noix de coco, amandes, figues, et la moutarde pour condiment.

Parmi les aliments calciques, voici les choux crus (coupés en menues lamelles assaisonnées au citron), turbot, endives, épinards, laitues, dents-de-lion, roquefort, gruyère, rhubarbe, abricots, oranges, figues, citrons et lait (le lait de chèvre inclus).

Si vous êtes Scorpion, suivez ces conseils de santé

Votre organisme se révèle certes résistant, cependant de nombreux auteurs vous signalent les points sensibles suivants.

1. Le système génito-urinaire (reins, vessie, uretère, urètre, ovaires, utérus, testicules), le sang, la circulation sanguine, le système glandulaire (instabilité thyroïdo-ovarienne).

2. Les maladies qui risquent de vous atteindre, en considération de l'ensemble de votre destin et de vos tendances, sont généralement d'après l'étude de la position du signe sur l'Homme-Zodiaque : kystes ovariens, maladies vénériennes, prolapsus génitaux, métrite, cystite, salpingite, maladies de la prostate, troubles de la miction, hémorroïdes, orchite, varices, diabète, phlébite, goutte.

3. Ces maladies s'annoncent par divers symptômes :

troubles menstruels chez les femmes, débit urinaire anormal chez les hommes, douleurs dans le ventre, fièvre, clous, abcès, furoncles, soif inextinguible, douleurs articulaires.

Si vous voulez rester en forme, vous pouvez prendre les précautions suivantes.

Comme le Bélier, faites une cure de trois semaines, avant l'automne et avant l'hiver, de plantes dépuratives.

Pratiquez, tous les jours, une douche alternée chaud-froid sur les jambes. Terminez toujours par le froid, sauf si vous souffrez d'hémorroïdes. Il existe une recette miracle pour calmer les douleurs dues à ces varices de l'anus : emplissez à moitié une bouteille d'huile d'olive vierge, pressée à froid; complétez avec des feuilles de bouillon blanc. Exposez ensuite la bouteille au soleil jusqu'à ce que la préparation atteigne la consistance d'une bouillie. Appliquez localement, en recouvrant d'une gaze.

Enfin, n'oubliez pas que des relations sexuelles fréquentes restent nécessaires à votre bon équilibre.

L'enfant Scorpion

Si votre enfant est né sous le signe du Scorpion, vous devez savoir que la tonalité martienne lui confère une personnalité empreinte de violence. Par ailleurs, l'influence de l'élément Eau lui apporte une émotivité notable, et le rend réceptif à tout ce qui constitue son environnement immédiat. N'oubliez pas non plus que le Scorpion reste, de tout le Zodiaque, le signe le plus secret, le moins facile à déchiffrer, et possède un côté terre-à-terre et matérialiste qui, cependant, sait s'élever au-dessus des contingences, lorsque la situation l'impose.

Cet enfant intuitif a l'esprit de synthèse et une grande imagination. Il demeure par-dessus tout individualiste, il proteste, il réclame, il requiert et il sait

– s'il le faut – recourir à la violence. S'il refuse de se soumettre à votre autorité, il ne servira à rien de tenter de l'y contraindre. Il vaudra toujours mieux lui faire accepter les contraintes que les lui imposer.

Son jour favorable est le mardi. Vous en profiterez pour accomplir les actes importants qui concernent sa santé et l'organisation de sa vie. En revanche, le jeudi se montre défavorable.

Ses chiffres bénéfiques : le 7, le 21, et le 47. Le 7 a une grande importance. Vous en tiendrez compte dans le décor de sa chambre, par exemple (les sept nains de Blanche-Neige, un meuble à sept tiroirs, etc.).

Il se sentira très à l'aise dans les endroits où il verra de l'eau; aussi, pour éviter les risques d'accident, organisez-lui, si vous en avez la possibilité, un petit jardin aquatique qui l'enchantera : une arrivée d'eau, des degrés en escalier, une succession de petites cascades et de bassins ornés de plantes. Il aura l'impression de se trouver au bord d'un étang ou d'un ruisseau, et en tirera un grand bénéfice.

Il aimera les animaux semi-aquatiques, un vivier de toutes petites tortues devrait l'intéresser.

Ses couleurs : le bleu et le jaune. On les retrouvera dans le papier peint et les tentures de sa chambre, et aussi dans ses vêtements.

Ses métaux : le fer et l'acier. Éventuellement, son talisman, en fer, comportera une topaze.

Enfin, son parfum le plus favorable reste l'œillet rouge, et aussi le jasmin pour les filles, la bruyère pour les garçons; glissez-en une goutte dans leur linge ou offrez-leur une eau de toilette très peu alcoolisée qui possédera ces senteurs.

Vous orienterez ses études vers les professions où interviennent le fer, la mécanique, les chiffres, ou encore l'eau, sous tous ses aspects.

Dès lors, vous aurez donné à votre enfant toutes les chances de trouver le bonheur.

ORIGINE DES ILLUSTRATIONS

Archives photographiques : 88, 111, 124 – Bibliothèque nationale : 2, 24, 57, 58, 75, 112 – Bibliothèque des Arts décoratifs / Jean-Loup Charmet : 34, 51, 93, 107 – Bulloz : 14, 146 – Jean-Loup Charmet : 12, 39, 45, 67, 69, 71, 81, 114, 129, 136, 141, 175, 177, 186 – Giraudon : 22, 30, 76, 130 – Roger-Viollet : 124, 149, 169 – Archives Snark : 53, 60, 85, 157, 161, 164.
H. Bordas : 18 – Gamma : 119 – Magnum/Bischof : 190 – Rapho/Doisneau : 99 / Le Cuziat : 105 / Phelps : 6 – J. Six : 8.

Achevé d' imprimer
sur les Presses de la
Société LITOPRINT, S. A.
à Fuenlabrada (Madrid)
le 30 septembre 1988

Dépôt légal 1.er trimestre 1984

N° d'Editeur : 611